成長戦略のまやかし

小幡 績
Obata Seki

PHP新書

JN264875

はじめに

二〇一三年七月十九日の『日本経済新聞』の夕刊一面トップに、

「高専」アジアに輸出

という大きな見出しが躍った。私はやられたか、と思った。私が東日本大震災の復興に資する政策として提案して以来、つねに主張している「高専」の拡充政策を安倍政権にパクられたかと思ったのだ。

しかし、記事をよく読んでみると、まったく異なった政策だった。安倍政権は、私の政策をパクるなど、そんなセコい政権ではなかったのだ。

私は安心し、また安倍政権を疑って悪かったと反省したが、それと同時に心配になった。日本の素晴らしい「高専」に目をつけたのはよいが、その活用法が百八十度間違っていたからだ。

なんと日本人以外のアジア人を現地で育成するためのプログラムを、日本の「高専」モデルをもとに開発し、アジア各国の大学に導入するという。

卒倒しそうになった。

百八十度逆ではないか。

日本の経済成長は、日本で働く人びとの人的資本に依存する。だから、日本の学校のプログラムを強化し、日本人や日本に居住する人びとの教育を徹底してやらなければいけない。それなのに、日本のカネとノウハウを使って、海外の人びとの人的資本を蓄積する。日本から教育担当の人材も派遣するという。日本を破滅させる気なのか。日本の教育スタッフを流出させ、海外の「人びと」を育成し、海外の「学校」という「場」の力を強化するというのか。

悪夢をみているようだった。

目的は何か？　日本を破滅させるためでないとすれば、何なのか？

それは、日本企業がアジアに現地進出したとき、必要となる人材を育成するためのものらしい。日本企業が海外で利益を上げるために、日本の若者、雇用者が犠牲になるというのか。日本の優秀な教育スタッフを、カネを使って海外流出させるというのか。

人的資本を蓄積し、プログラムにより学校という「場」を強化すれば、それは永続的な力をもつ「場」となり、長期的、継続的な成長を経済にもたらす。日本経済は相対的に衰退する。

私は、やはりこの本を出版し、私の「高専」政策を世に問う必要があると思った。あらためて、これまでの成長戦略の根本的な誤りを指摘し、日本の真の経済成長を実現するために、主張しつづけなければならないと決意した。

それは、アベノミクス批判とか、そんな次元の話ではない。

日本の未来を救うために。

大げさでなく、そう思った。

この本には、足りない点が数多くあると思う。ぜひ、みなさんのご意見、ご批判をお寄せいただきたい。みなで力を合わせ、英知を結集して、素晴らしい日本社会と経済を育《はぐく》んでいこうではないか。

さあ、議論を始めよう。

成長戦略のまやかし　目次

第2章
政府ヴィジョンの誤謬性

第3章
企業競争力強化で経済は衰退する

第４章 特区戦略の誤り

第5章 地方が生み出す東京

第6章 景気刺激策が景気を殺す

第7章 「異次元の金融緩和」はなぜ失敗したのか

第 1 章

成長戦略では成長できない

失望した投資家への失望

二〇一三年六月十二日、政府は、産業競争力会議において成長戦略をとりまとめた。アベノミクス「第三の矢」である。しかし、この成長戦略に失望が広がり、十三日、株価は暴落し、日経平均は八四三円下がった。

アベノミクスで期待が膨らみ、二〇一二年十一月十六日以降、日経平均は八〇〇〇円台から一万六〇〇〇円近くまで倍になっていたが、五月二十三日以降、暴落していた。この暴落を止めるために、アベノミクスの最後の頼みの綱である成長戦略に期待していた海外と日本の投資家たちは、あまりに凡庸な成長戦略に大きく失望し、株価は再度、暴落した。

しかし、私は、失望した投資家に失望した。世界の投資家とは、何もわかっていない人たちなのか。日本の投資家は、現実をまったく理解していない世界の投資家の意見に、ただ追従するだけの人たちなのか。成長戦略に期待するなど、何もわかっていない。

逆にいえば、投資家がこれだけ何も理解していないからこそ、株価もこんなに上がったのだ。株価と政策の中身は関係ない。私は、アベノミクスの中身のない政策で、株価がバブルになるのもやむをえないと思った。

この二十年間に、数えきれないほどの成長戦略が政府から打ち出された。竹中平蔵氏によれば、彼が政治家を辞めたあとの七年間で、七つの成長戦略が打ち出されたという。

投資家とメディアは、打ち出される成長戦略に毎回失望してきた。いまや、政府の成長戦略は、失望されるためにある。しかし悪いのは、政府でも、官僚でも、ましてや首相でもない。悪いのは、われわれだ。ありえないことを期待するわれわれが悪い。成長戦略に期待するのは三重の意味で誤りなのだ。順番にみていこう。

巷の成長戦略批判の初歩的な誤り

世間の人びとの成長戦略への批判の第一は、官僚が縦割りでそれぞれに持ち寄ったものの雑多な集合であり、焦点が定まらない、という批判である。そして、官僚がつくったものだから斬新なものにはならず、成長戦略として起爆剤になるようなものにもならない。官僚のせいで成長戦略が無意味なものになってしまう。そうした批判だ。

たしかに、これまで政権によって打ち出された成長戦略は、すべて官僚がまとめたものだ。そして、すべての成長戦略は、現状維持、あるいは、せいぜい現状の延長線上のものにすぎず、革命的な成長戦略を望む人びとの失望を買ってきた。だから三段論法で、退屈な成長戦略は官僚のせい、ということになる。

しかし、この議論は、初歩的な誤りを三つ含んでいる。

第一に、官僚が成長戦略を書くのは当たり前である。それ以外に手段はない。議院内閣制における首相に対して、閣僚である各大臣は部下である。彼らに指示を出すのは当然だ。そして、各大臣は自らの部下を使う。各大臣のスタッフ、部下とは官僚のことだから、彼らが指示を受けて、成長戦略をまとめるのは当然である。

そもそも政府とは、与党議員から構成される内閣と、その事務方である省庁の職員とで成り立っている。政治家と官僚は、政府内部では一体なのだ。だから政府において、与党のトップである首相と各大臣と官僚は一体となって、成長戦略を打ち出す。成長戦略を官僚が書く。当たり前なのだ。

第二に、官僚が書いたからといって、官僚が決めているわけではない。

最終的に書いた人間が、決めた人間だと考えるのは、あまりに幼稚な誤りだ。官僚は、首相を中心とする内閣の指示に基づいて案を作成している。だから、官僚が書いた成長戦略がよくないのであれば、それは最初の指示がよくないだけなのだ。つまり、トップは首相であるから、成長戦略がつまらないのは、官僚ではなく、首相に責任がある。

しかし、首相に責任があるのならば、なぜ官僚に成長戦略をまとめさせ、書かせるのか。官僚にやらせるから悪いという批判がある。これこそが第三の、そして最大の誤りだ。

多くの有識者ですらこの誤りに陥ってしまう。首相の思いが、そして、閣議で決めた方針が、法案になる過程で官僚にうまく骨抜きにされてしまう。だから、官僚と裏の裏の戦争をしなければいけない。そういった議論だ。

たしかにこういう話はなにか陰謀めいて楽しいが、しかし、実質的には意味がない。なぜなら官僚が閣議決定を骨抜きにすることなど、しようともしないし、やろうとしても不可能だからだ。

首相の指示はよかったが、官僚に骨抜きにされた、という話を政治家サイド（与党議員）がしているのをよく聞くから、こう思ってしまうのかもしれない。これは政治家たちのたんなる愚痴《ぐち》か、確信犯的な物言いにすぎない。実際には官僚には、大臣あるいは首相に刃向かう度胸はない。

これらの初歩的な誤りは、官僚というものを多くの人が誤解していることからきている。

官僚は方程式を解いているだけ

官僚とは優秀な人びとである。難しいパズルを解くのは得意だが、パズル自体を組み立てたり、パズルを考えついたりすることはできない。彼らは問題を解くことに長《た》けているのであり、また、それだけである。

さらに、自らの政策信念をもっていたとしても、それを実現させようとすることはないし、できない。たとえば財務省に財務省的な考え方というものは存在するが、それを政治家たちに説得しようとすることはあっても、首相や大臣が明確に打ち出したものに逆らうことはありえないのである。

それはガッツがないというよりも、官僚の習性であり、官僚の本分だ。実際、官僚が何にやりがいを見出すかといえば、プロフェッショナルとしての任務を遂行することである。ゴルゴ13みたいなものだ。価値観からは自由なのである。

だからこそ、民主党がクライアントとなっても、それが自民党になっても、制約条件のなかでベストを尽くす。時の首相の意向をいかにうまく実現するか。それが、官僚出身の内閣総理大臣秘書官の腕の見せ所であり、各大臣を支える各省庁の力の見せ所でもある。

成長戦略についてもまったく同様だ。首相、あるいはその政権の意向を踏まえ、また、与党族議員の意向も踏まえ、実現可能な案をつくりあげる。その落としどころを見出せない人は官僚失格。官僚たちは、自分たちの意見ではなく、首相の意向を最優先し、それを踏まえた成長戦略を、与党各議員の要求、その裏にある利害関係者の思惑という制約条件のなかで実現することに全力をあげるのだ。

しかし、この仕事は面倒だ。仕事というよりは、作業に近い。徹底した調整作業なのである。この面倒さは官僚にしか遂行できない。逆にいえば、こんな面倒な仕事は官僚以外、誰もやろうとはしない。だから、政権にとって実現可能な成長戦略は、官僚にしか頼めないのだ。

たしかに、きちんと省庁をコントロールできない官邸の場合には、首相の意向が十分に反映されない可能性がある。それはコントロールできない官邸の力不足だ。しかし完全にコントロールできないからといって官僚に調整を頼まなければ、成長戦略は、あるいはそれに限らず、すべての政策は、まったく実現不可能な案になってしまう。結果的に政権運営は破綻《はたん》する。

民主党の政権運営の失敗が、その典型例だ。脱官僚を掲げたのはよいが、党内をまとめる政策の落としどころがみつけられず、混迷し、破綻した。これは民主党の個々の政治家の能力が低かったからではない。この面倒な方程式を解くことを脱官僚と称して、自分たちでやろうとしたから失敗したのである。不可能なことに対して、無邪気に突っ込んでいったことが破綻をもたらしたのだ。

制約条件が複雑に絡み合った状況での調整という、この難しい方程式を政治家たちが解析することなどできない。自民党でも当然できない。個々の議員がそれぞれに殿様であるという、江戸時代のような日本の統治構造のなかで、与党内をまとめる政策を書き上げることは、官僚にしかできないのだ。

このような下働きを民主党の議員たちが自らやろうとしたことは、ある意味、健気《けなげ》で美しかったが、実現性がなかった。自民党が民主党よりも優れていたのは、自分で方程式を解くのはできないと知っていたことだった。

この方程式を解くのが官僚の仕事である。成長戦略でいうならば、与党の各有力議員がギリギリ納得し、首相が望む水準を満たすものをまとめるという、難解な方程式を解かなければならない。

だから、官僚以外に、実現する成長戦略を書ける人はいない。政権に正式に打ち出す成長戦略を書ける人などいないのだ。与党をまとめたうえで政権が打ち出す成長戦略はすべて、官僚が制約条件を計算に入れて書き上げたものになる。官僚が作成した以外の成長戦略はありえないか、実現味のない絵空事《えそらごと》だ。

したがって、成長戦略がつまらないのは官僚のせいではない。もともとの指示の内容がつまらないことが、その理由なのだ。

成長戦略による成長不可能性原理

そもそも、成長戦略とはつまらないものである。実現可能な成長戦略で画期的なものはありえない。だから、つまらない、凡庸だ、という批判自体が誤っている。

しかし、ほんとうの問題は、「成長戦略では成長できない」という事実にある。成長戦略で成長できないのは、官僚のせいではなく、そして、首相のせいでもない。首相のアイデア、ヴィジョン、指示が悪いからでもない。どれほど優れた首相であっても、政権の打ち出す成長戦略では成長できない。そもそも成長戦略では、原理的に成長できないのだ。

「成長戦略による成長不可能性原理」とでも呼ぶべき、この現象の理由は二つある。

第一に、前述したように政権の打ち出す成長戦略とは、さまざまな制約条件の結果である。そして、与党の成長戦略であるから、打ち出された戦略は、ある程度は実現する。実現する以上、すべてがリップサービスというわけにはいかない。そうなると、与党を支えている人びと、利害関係者は文言を含めて、細部にまで慎重になる。

そのため、大胆な成長戦略など打ち出せるはずがなくなるのだ。野党や民間シンクタンクなどが打ち出すヴィジョンだけの成長戦略ではなく、実際に実行する政策であるから具体的になる。具体的であればあるほど、制約条件はキツくなる。政権の政策であるから、必ず実現する。そうなると、直接の利害関係者が強い関心をもって、影響を与えようとする。そこで、制約条件はとことんキツくなる。

この結果、政権与党の成長戦略は、現状維持に近いもの、つまらないものになる。

しかし、成長戦略で成長できないほんとうの理由は、もっと奥のほうにある。成長戦略を打ち出すプロセスで前述したように、この方程式が制約条件の増加により、さらに解くのが難しくなるからではない。成長戦略で成長を実現するのは、難しいのではなく、原理的に不可能なのだ。なぜだろうか。

ターゲティングポリシーの時代は終わった

多くの成長戦略は二つの柱から成り立っている。一つは、ターゲティングポリシーと呼ばれるもので、政府が特定の産業や地区などを指定して、そこへ資源を集中投入することにより、その産業や地区を爆発的に発展させ、それを起爆剤にして経済全体を成長させる、という戦略である。

しかし、これでは成長できない。なぜなら政府が選ぶ産業、地区では成功しないからである。政府が有望な産業を選べるようなら苦労しない。政府にわかることが、企業経営者たちにわからないはずがない。民間では出てこない知恵を政府がもっている可能性はほとんどない。

実際に政府はあらゆる有識者会合を設け、民間の知恵、現場の知恵を取り込もうとしているが、それにより知恵が得られるのであれば、知恵の出し手である民間企業、民間有識者たち自身が起業するはずだ。

このターゲティングポリシーが価値を生み出す、成長をもたらす可能性があるとすれば、以下の二つのどちらかの条件が成立する場合のみになる。

一つは、官僚のほうが絶対的に優れている場合である。次の時代がどうなるか、経済の先を読むという点において、官僚が誰よりも優れている場合には、政府が成長戦略を考えるのは妥当だ。このような状況が成り立った時代が過去にはあったかもしれない。しかし現在はそうではないと誰もが知っている。

どれほど官僚の頭がよかったとしても、次の時代を読むことに関しては、優れているとはいえない。さらにいえば、現代において誰も先など読めないのであって、先を読んで、その予感に賭けて政策を打ち出すということは、責任ある政策立案としてありえない。

ターゲティングポリシーが価値をもつもう一つの条件は、次に何をすべきか、世の中の誰もがわかっているが、制約条件があって、民間企業単独では、それを実行できない場合である。たとえば次の時代には、絶対に人工知能が重要となる。スーパーコンピュータやロボットの開発が、次の時代を考えればもっとも重要で有望だが、民間の一企業ではこの分野への投資には踏み切れない。必要投資額が大きすぎ、リスクが高すぎる。

もし、こうした状況であったとすれば、民間企業の代わりに政府がリスクをとって資金を投入することには、意味があるかもしれない。

しかし現代の経済において、このような制約条件はほとんど存在しなくなっている。従来、政府が最大の優位性をもつものは財務的なもの、つまり資金調達の優位性であったが、金融市場、金融機関の発達によって、その優位性は日本においてはほとんど存在しなくなった。カネさえつけば儲かるプロジェクトがあれば、ここぞとばかりに民間資金が殺到する。

日本ではベンチャーキャピタルが育っていないという人もいる。しかし、それはリスクテイクできないのではなく、ベンチャーの事業や起業家に関する目利きをできる人がいないだけだ。カネの問題ではない。政府がベンチャーキャピタルを行なった場合には、この人材制約はより大きなものになり、成功はさらに難しくなる。

しかも、ここで考えている政府のターゲティングポリシーが意味をもつ場合とは、誰もが必要性を理解していて、やれば成功することがわかっている事業のケースだ。この場合、民間資金が殺到することは間違いない。プロジェクトファイナンスも発達したし、新興国へのインフラ投資をみても、かつてはODA（政府開発援助）にしか資金源がなかったようなものが、すべて民間資金で可能になり、それどころか、きわめて有望な投資先になっている。

いわゆるBOPビジネスもそうだ。BOPとは、Bottom of the pyramidの略で、かつて発展途上国と呼ばれた最貧国を含む世界の貧しい国々でも、ビジネスの機会は多くあるという話である。最近はbottomという語感がよくないので、Base of the economic pyramidといわれている。

いずれにせよ、アフリカ投資はブームであり、安倍首相も二〇一三年六月の第五回アフリカ開発会議で「投資すべきはいま」とスピーチした。しかしここ十年、とくに直近五年のアフリカ投資はすでに大ブームで、もはやいまはピークをすぎている。投資として最初の〝美味しいところ〟は終わったのだ。

アフリカ投資の例は、政府主導のターゲティングポリシーではうまくいかないこと、遅すぎることを示している。同時に世界的な金融市場の発達によって、ビジネスとして成り立つ可能性があるものに関しては、資金面で政府が援助する必要がないことも明らかにしているのである。

「外部性」への政府介入の弊害

政府が介入するメリットのある最後の可能性として、経済理論的には「外部性」があるとき、政府主導で事業を行なうのが望ましいという議論がある。つまり、規模の利益、範囲の利益、ネットワークの利益が大きい場合には、政府が主導して産業を立ち上げたり、バックアップしたりすることに意味がある可能性があるということだ。

つまり何らかの外部性があり、個別に各企業が取り組むよりも、政府がまとめて行なったほうが効率がよくなるので、政府主導の意味があるということである。しかし、こういった分野はいまやほとんど存在しないし、今後存在する場合にも、成長戦略など待たずに各分野で政府がすぐに手を打てばよい。

たとえば固定電話の電話線や電力の送電網などは、民間企業に任せていては、自然発生的に投資が起こるとは限らない。そのネットワークの利用者が確保できるかどうかわからないというリスクがある。思い切って先に投資を行なってしまうと、無料に近い価格を設定せざるをえなくなってしまう。その結果、投資資金を回収できるような料金にできず、赤字になってしまうのだ。こうした財務リスクがあるので、政府に依存したい、という可能性は考えられるだろう。

逆にこの投資が儲かる場合には、多数の企業がネットワークに投資を行なって、それが二重、三重になってしまい、経済全体としてはムダが発生するという可能性もある。たとえば携帯電話の電波ネットワーク、基地局への投資には多額のコストがかかるが、日本では現在主に三つ（四つ）のキャリアが、それぞれに投資を行なっている。これは三重投資であり、全体ではムダだという考え方もあるだろう。そこで政府が一つのネットワークをつくり、それを利用して、各企業がサービスを行なうというやり方がある。

一方、複数の企業が投資を行ない、そこで競争が発生したほうが、よりよいネットワークが長期的に安いコストで実現する可能性が高まるという面もある。複数企業のネットワーク投資が長期的にムダか、競争による効率化の効果が複数企業の投資のロスを上回るかは事前予測が難しく、やってみなければわからない。そうなると、やはり最初は政府がインフラをつくって、それを民間企業が利用するというスタイルがよいかもしれない。

複数企業がネットワークに投資し、生き残った場合には、市場をその複数企業で独占する寡占《かせん》体制となる。この場合、二～三社で目にみえる競争をして、競争が激しくなりすぎ、過当競争になる可能性もある。

一方でカルテルなど、これらの企業どうしで協調して、利益を最大化するため、価格を高く維持する可能性もあるだろう。前者の場合には競争を抑制したほうがよいし、後者の場合なら、カルテルを排除し、競争を促進したほうがよい。それに関しては、政府が介入したほうがよいかもしれない。

このように、何らかの制約条件が経済に存在することにより、個別企業が望ましい企業戦略を打ち出せないときには、政府の出番がある可能性がある。政府が動くことにより、民間各企業が動き、これが経済全体にとって望ましいものとなる理論的可能性は存在する。

過当競争の是正は産業を殺す

しかし、その理論的可能性は、現実には実現しない場合がほとんどだ。その理由は三つある。

第一に、このような外部性の存在する分野における政府の投資、政府主導の経済政策は過去にすでにとられており、現在、そうした分野はもはや残っていない。電気、水道、ガス、電話、鉄道、港湾、空港など、すべてがすでに揃《そろ》っている。いわゆる公共投資は政府がやるしかないが（政府がやる分野だから公共投資なのだが）、それは昭和の時代にほぼ終了しているのだ。

第二に、規模の経済、範囲の経済、ネットワークの利益については、正確な試算が難しいため、過大評価される可能性が高い。政治的な理由から、政府に財政出動意欲が強い場合、これらの利益は財政出動の正当性として利用される。

その結果、ほとんどの規模や範囲の経済、あるいはネットワーク効果のあるものと思われているインフラに対しては、実際には過剰な投資が行なわれており、橋、高速道路、地方空港、新幹線などほとんどのものが、経済的合理性からいうとコストに見合う効果が得られない。成長戦略に盛り込まれるインフラ投資も同様で、事後的な運営・維持費用の負担のほうが大きく、むしろ成長にはマイナスになる。

第三に、過当競争の場合、それを政府主導で是正することは、過去の事例から行くと、むしろ事業や産業を殺すことになる。過当競争により、いくつかの企業が困難に陥るとしても、それまでに産業が発展し、多くの雇用と所得を生み出すから、やはり政府は介入しないほうが望ましいというのがコンセンサスだ。

古典的な例としては、戦後の高度成長期に当時の通産省が自動車メーカーの過当競争を抑えようと、メーカー数の削減をする画策をしたことがあったが、産業界の反発により実現しなかった。しかし現在においては自動車メーカーが多数存在し、お互いに激しい競争をしたことが日本の自動車業界の発展の主要因となったことを誰もが知っている。

ここ数年、テレビやディスプレイ事業、半導体事業などにおいて過当競争を抑えるため、政府が介入すべきという議論があった。実際に政府系ファンドが関与した例もあったが、成功しているとはいえない。テレビに関しては政府の延命策や、地上デジタル放送への移行、エコポイントなどにより、過度にテレビの売り上げを一時的に増やし、その場しのぎをしてしまったことで、事業や企業戦略の根本的な構造改革が遅れ、かえって傷が大きくなってしまった。

このように、ターゲティングポリシーの有効性は、現在の日本経済においては、ほぼ存在しない。ターゲティングポリシーを謳《うた》う成長戦略では、経済は成長しないのである。

規制緩和という権力

成長戦略のもう一つの柱は規制緩和である。これこそ成長戦略の要《かなめ》であり、これに反対する人はいないと思われている。しかし、規制緩和政策では、経済は成長できない。

規制緩和とは、何だろうか。それは「規制」を「緩和」することである。この当たり前すぎるところに、罠《わな》が潜んでいる。

「規制」とは何か。それは、政府が人びとに対して、何らかの制約を課すことである。「煙草は二十歳になってから」というのも規制だ。成長戦略の文脈では、規制とは、政府が産業界の経済主体の活動を制限することである。逆にいえば、その業界は、政府との関係が深い業界ということになる。

規制はなぜ存在するのか。それは、その業界のためである。

これは、官僚の都合の話をしているのではない。業界の本音の話である。

そもそも法律というものは、国会でつくられる。日本においては、ほとんどの場合、官僚が起草し、細部を詰める。しかし、それは、政治家たちのニーズに基づいている。政治家、とりわけ与党の政治家のニーズに基づいて、法律はつくられるのだ。ニーズに基づき、起案、起草され、条文となり、国会で審議され、成立し、実施される。言い換えれば、与党政治家の意向に基づいて法律はつくられる。

そして、規制はその法律から成り立っている。政令や省令あるいは行政指導のレベルに落とされている部分もあるが、大枠は法律で決められている。

規制は、既存企業、既得権益の利害を優先してつくられる。それは与党であり、多数派の支持を得て成立している以上、当然である。そして規制を緩和するとは、規制を残すということである。業界の秩序は保つということだ。これは既存企業のメリットを強化するか、あるいは既存企業を弱め、新しく与党を支持するようになった企業を優先させるか、のどちらかということである。

これは政治の基本であり、よいことではないが、世界の常識だ。

日本はむしろ、政府の力が弱いため、既存企業との癒着が弱く、状況がわかりにくくなっている。世界では、独裁政権に限らず、露骨に特定企業が優遇される。アメリカとイギリスを除く世界の国、とりわけ新興国の多くでは財閥が存在する。その財閥あるいは企業集団の経済的価値とは、政府と癒着できることだ。

その結果、利権争いにムダなエネルギーが注がれることもなく、効率的な投資が行なわれ、ある程度効率的な経済発展が促され、高度成長に貢献する。癒着がそれほどないと思われているアメリカですら、政権と経済界のパイプは明瞭で、たとえば金融業界の特定企業の幹部が継続的に大臣になっていたりする。

一方、日本の政治と企業の癒着は、ゆったりとした、既得権益者へのやんわりとした優遇であるから、それは何か変えられるようにもみえる。既得権益を政権与党が打破してくれるように思えるのだ。そして、とりあえず目につく特定企業への公務員の天下りの問題が脚光を浴び、とことん叩かれる。経済の大局からすると瑣末《さまつ》な問題であるにもかかわらずだ。

そして天下りの廃止のような感覚で、政権の成長戦略には既得権益打破を期待する人びとが多くなってしまう。その結果、既得権益者である企業の支援を受けているにもかかわらず、政権は幅広い消費者の票も同時に取ろうとして、あたかも既得権益と闘うふりをする。だから、規制を緩和するというのだ。

しかし、繰り返しになるが「緩和」とは「規制」が残ることである。撤廃するわけではない。緩和とは、規制する側の力を維持することだ。同時に、規制をコントロールしている力を利用して、その規制を変える気配をみせることにより、既得権益をもつ企業の緊張感を高め、同時に新規参入を期待させる。したがって規制緩和とは、権力がそれほど強くない日本政府、規制当局である政権与党がつくる政府を強くするものなのだ。

これが「緩和」の意味である。力はできるかぎり維持する。しかし、規制への批判があるから、長期的には徐々にこの力は失われていくが、その際に緩和を主導することによって、政府は、規制をコントロールしている力を最大限に利用する。力の減り方をコントロールすることにより、利益誘導を行ない、それを求める企業をコントロールする。だから規制「緩和」は、状況次第では、規制「維持」よりはるかに始末が悪い。規制緩和とは、もっとも賢い権力行使の方法なのだ。

日本の文脈でいえば、規制を維持することにより、秩序を維持し、既存の経済構造を守り、既存の成功企業を守ることになる。同時に、新しいことが起こるような期待を消費者にもたせるから、成長戦略があると国民は安心する。しかし、現実に変化は起きない。この結果、日本の経済構造は変化するのではなく、固定化する。そして、世界構造の変化に遅れていく。

これが、政権の打ち出す成長戦略では成長できない理由だ。

構造改革を阻む「第一の矢」と「第二の矢」

いわゆるアベノミクスは、じつは、すべてがこの構造となっている。

すなわち経済政策は、すべては既得権益を守るものとなっており、それによって景気をよくしようという考え方だ。これは意外に聞こえるかもしれないが、短期的には、もっとも効率的な景気対策である。

つまりアベノミクスとは、現在の既得権益層を守り、刺激することで、効率よく、短期的に景気をよくする政策という点で一貫しているのである。

具体的にみてみよう。

安倍政権の唱える「三本の矢」は、第一が大胆な金融緩和。これは短期的には円安による輸出効果があるが、既存の日本の経済構造をあえて固定するものであり、改革が漸《ようや》く進みはじめた日本企業の真のグローバル化意欲を削《そ》ぐものだ。詳しくは第8章で議論する。

第二の機動的な財政出動もそうだ。二〇一二年の自民党政権復活直後の補正予算による財政出動は、景気対策という意味では不必要である。さらに二〇一三年も景気回復で税収が予算を上回った分を、補正予算の財源として財政出動しようという話もある。ムダであるだけでなく、これは最悪だ。

景気の波でいえばピークへ向かっているとき、さらに財政出動する。景気を短期的に過熱させれば、その反動減は恐ろしい。財政も当然、悪化する。何より財政出動が、改革すべき現在の経済構造を固定化し、かえって成長を妨《さまた》げる。

財政出動による景気刺激策の典型は地方における公共事業だが、補正で予算を落とされても、あくまで〝機動的〟な財政出動であるわけだから、それが今後も継続する保証はない。そこではプロフェッショナルにならない一時的な土木作業員が多数生まれる。この二十年間、同じように一時的な雇用をほぼ毎年受けているから新人ではないかもしれないが、逆にいえば、どれほど経験を積んでも一時的な仕事のプロになるだけで、将来の雇用見通しができるわけではない。さらには、その地方において新しい産業が生まれるわけでもない。

これは地方の衰退をむしろ固定化させる政策だ。衰退を早めてしまう。雇用がないよりはマシだというのは間違いであり、へたな雇用なら、ないほうがマシな場合もある。補正による公共事業のばらまきこそが、それだ。ばらまきをやめることは短期的にはつらいかもしれないが、長期的な回復には不可欠である。

現金をばらまくよりはマシだといわれるかもしれない。これこそまったく逆である。公共事業を行なって一時的なばらまきをするよりは、現金をばらまいたほうが経済成長につながる。

その理由は、機動的な財政出動による公共事業という需要は、もっとも「質の悪い需要」だからだ。現金を地方の消費者にばらまいて、彼らが追加的な消費をした場合には、「質のよい需要」が生まれる可能性がある。消費者自身が自分でモノ（サービス）の品目を選び、供給者を選び、必要に応じて支出する。この需要を取り込もうとして企業や生産者、サービス業者は全力をあげる。この消費は質のよい需要となり、伸びるべき産業やカテゴリー、企業が伸張する。この需要の質についても、第6章であらためて詳しく議論する。

投資は投資を呼ばない

そして、アベノミクスの「第三の矢」が成長戦略。その名は「民間投資を喚起《かんき》する成長戦略」である。名は体を表すというが、この名がアベノミクスの誤りを象徴している。じつは安倍政権に限らず、これまでほとんどすべての政権の成長戦略は同じ誤りを犯していたし、政策を議論する自称有識者たちもほとんどが同様に誤っている。いったい、どこが誤りなのか。その根本は三つだ。

第一に、民間であろうと「投資」では経済は持続的に成長しない。

第二に、「喚起された」投資では、そもそも成長しない。

第三に、「投資を喚起すること」が成長につながるという考え方そのものが誤っている。

「民間投資の喚起」では経済成長は得られないのだ。

それぞれの誤りは、のちの章で詳しく議論することにするが、ここでは結論だけをみておこう。

とにかく投資をしろ、という時代は終わった。たしかに一九六〇年代までの日本経済には投資が投資を呼ぶ、という高成長の好循環があった。そのときの幻影に囚《とら》われて、いまでも投資が行なわれれば、自動的に好循環が始まると思い込んでいる政治家、有識者は多い。

しかし、投資が投資を呼ぶためには、基本的には右肩上がりの経済が成り立っていなければならない。労働力が増加しており、労働者が消費者ともなって、需要も増加しつづけている経済で、設備投資が盛んに行なわれるならばよい。労働者一人当たりの生産量も上昇しつづけ、賃金も上昇し、すべてが右肩上がりで回るようになる。

こうした状況であれば、設備投資は生産力を増加させると同時に、他の企業への需要となるから、他の企業も投資を増やし、需要の増大に対応して生産力を上げる。こうなると投資が投資を呼び、需要も好循環で増加しつづけ、需要増加に対するインフレ圧力も、設備投資による生産性の上昇によって抑えられる。

したがって賃金が上昇しても、インフレ率が高くなりすぎることもなく、高成長の好循環は続く。そして、それを高貯蓄が支えた。つまり過度な消費による景気の過熱を抑えつつ、投資を支える原資として貯蓄が機能したのである。素晴らしい好循環だった。

しかし、この好循環がいかに素晴らしくても、現在、これを再現するのはどうやっても無理である。現在は、右肩上がり成長の時代ではなく、需要が自然に増えていく循環はない。

労働力も増えない。そのなかで、生産力を増強する設備投資を行なえばどうなるか。需要の捌《は》け口がないから、値下げをするか、海外に輸出するしかない。これでは投資が投資を呼ぶ展開にならない。

実際に自動車メーカーの本田技研工業は、これから自動車の需要が伸びるわけではない日本で設備投資を増やす予定はない、円安であろうと関係ない、といっている。繰り返すが投資が投資を呼ぶ展開は、現在の日本ではありえないのだ。たとえば設備投資減税をさらに拡大するなどして生産力増強の投資を刺激する政策を行なえば、それは余剰生産設備となり、過剰生産によって輸出圧力、むしろ国内デフレ要因にすらなりうる。

そこで必要なのは、生産力の増強ではなく、生産の質の向上である。質の向上といっても、効率化投資、生産コストの低減を図るものではない。なぜなら、それはすでに十分に行なわれているからだ。基本的に日本は設備投資過剰である。更新投資ができていない企業、中小企業がある、という話は政治的に取り上げられるが、彼らが投資に踏み切れない最大の理由はコストではなく、生産力増強をしたり、効率化したりしても、今後需要が確実に望めるかどうかがわからないからだ。

効率性をどんなに上げても、誰にでもつくれるものをより安く、より効率的につくるだけでは永遠に競争に巻き込まれ、次から次に登場する世界中の生産者に勝てない。設備投資によって勝負しようとすればするほど、日本が勝つ理由がなくなるという矛盾に直面する。設備さえ優れていれば勝つのであれば、どの国でも勝てるから、あとから来る新興国に絶対勝てない。したがって、彼らは投資をしないのだ。

こうした状況で必要な投資は、生産の質の向上だと述べた。質の向上とは効率化ではなく、誰にもつくれないものをつくれるようになるための投資である。しかし、そのために必要なのは、じつは物理的投資ではない。設備ができても新しいものは生まれない。だから、設備投資減税によって成長をめざすという考え方は間違っているのだ。

設備投資は成長への投資にならない

それにもかかわらず、設備投資減税にこだわるのはなぜか。二つの理由がある。

一つは、日本経済に対する根本的に誤った認識である。日本経済は需要不足であり、需要を出せば突然好循環になって復活する、という考え方だ。したがって、設備投資を促進するのも、生産性を上げることを考えているのではなく、とにかく需要を出せばよい、という考えから来ている。投資が投資を呼ぶという昔話への郷愁、あるいは時代錯誤である。

日本経済は需要不足ではない。新しいものを生み出す力が落ちているのだ。だから、企業を刺激して設備投資をさせ、高齢者を刺激して消費をさせても、短期的な目先のＧＤＰ（国内総生産）は増加するが、持続力はなく、経済成長にはつながらない。

設備投資を過剰に促進するもう一つの理由は、特定企業への利益供与である。多額の設備投資を行なっている企業、装置産業型の大企業、これが日本の典型的な大企業だが、彼らはすでに多額の減税を受けて設備投資をしている。さらに中小企業にも設備投資減税の恩恵が及ぶように、制度改正することが今回の成長戦略に入った。これでは特定企業への減税という利益供与にすぎず、投資を増やすことにならない。

じつは新たな雇用を生み出したら法人税を減税するという政策も、実質的には毎年新卒を大量採用する古典的な大企業への法人税減税にすぎない。

利益供与は、政治の中心的な役割であり、それを否定しても仕方がない。経済学的に望ましくなくとも、政治的な現実からやむをえない場合もある。しかし、ここで重要なのは、これが成長戦略として語られることで、それが既存の経済構造を固定化し、現実の変化に逆行するような企業行動を促進することだ。すなわち、成長を阻害するのである。

日本企業は設備投資を減らすべきだ。設備投資依存の経済構造から脱却すべきなのだ。投資をするというのは機械を買うことではなく、設備を増強することでもなく、人に投資することである。そうすることによって初めて、日本という場が、新しいものを生み出す場としての意味をもち、長期的な経済成長を生み出す場となる。

新しいプレーヤーの登場が必要なのだ。人もそうだし、企業もそうである。既存の大企業を優遇し、設備における優位性を固定化し、短期的に参入の余地がないような国内市場をつくることは、日本経済に新しい人、企業、というプレーヤーが登場することを妨げ、経済成長を阻害することになる。

日本には、投資が必要である。しかし、それは設備投資ではない。生産力増強ではない。生産性の向上でもない。新しいアイデアを生み出すための投資であり、それは新しい人を生み出すことなのだ。

この点において、アベノミクスは一〇〇パーセント誤っている。その政策は既存の企業、経済構造を固定化し、新しい世界経済の現実に逆行し、日本経済の成長を妨げるのだ。

第2章

政府ヴィジョンの誤謬性

児童虐待事件が示唆していること

第1章の議論に基づくと、政府の役割はまったくないことになる。ほんとうか。何かないのか。

政府にはヴィジョンを打ち出す役割がある、という反論がありうる。日本の方向性を打ち出すことは政府の役割であり、絶対に必要なことだという主張だ。

しかし、これも疑問だ。外交であれば、政府にしかヴィジョンを打ち出し実行することはできないが、経済に関してはどうか。政府が日本経済の方向性を決めてよいのか。決められるのか。

政府に世界経済や日本社会の将来を見通す能力がない以上、将来のヴィジョンを打ち出すことは、物理的には可能でも、するべきではない。それが正しいという保証がまったくないどころか、政府のヴィジョンは、古臭いか外れているかのどちらかだ。だから、政府はヴィジョンを打ち出すべきではない。

一方、そうはいっても何らかのヴィジョンは必要だ。ヴィジョンがなかったとしても、何らかの政策は行なっているわけであるから、無意識のヴィジョンが存在しているはずだ。

たとえば最近、児童虐待の事件が増えている。その際の行政の対応は、子どもは親のもの、という前提に基づいている。ところが場合によっては、というよりも、事件の多くが両親による虐待である。これは、子どもは親のもの、親が親権をもち、意思決定権をもつという考え方を外して対応しなければならないことを意味している。

したがってヴィジョンとしては、子どもは日本国民であり、社会のものであり、社会、行政的には日本国が子ども一人ひとりを守り、育てる、というかたちに変えなくてはならない。そのなかで親というものは、最大の協力者であり、援助者、保護者であり、親の最大限の協力のもと、子どもを健全に育てる、ということになる。

しかし、それは親が絶対であることを意味しない。最重要な仲間の一人であるが、状況次第では、その仲間に裏切られたり、協力を得られなかったりする可能性があることをつねに前提において考えなければならない、ということだ。

そもそも義務教育制度の成立の経緯は、放っておくと、農作業などの経済活動に子どもを動員してしまうので、自分の生活のために子どもを利用しないよう親には教育を受けさせる義務、学校に通わせる義務があるとしたものである。これは、親が必ずしも子どもの味方にはならず、社会のためにもならないことをする可能性があることを前提にした考え方だ。

同時に、子どもを学校に行かせることは子どもの自由意志によるものではない。子どもが望むような人生を送ることができるよう、子どもを親から守るのでもない。社会のために子どもたちを教育するのである。

これは社会の安定性と発展性を得るためには、社会のすべての構成員が最低限の教育を受けていることが必要という考え方に基づいた社会政策だ。だから子どもが嫌がっても、教育を受けさせなければいけない。

学校に行くことを強制すると、不登校やいじめによる自殺などの問題を深刻化させるという批判は正しいが、前述した考え方に対する批判にはなりえない。現在の学校が義務教育を果たす場としてうまく機能していないケースが増加していることを示しているだけであり、その義務教育を達成するために、学校を改革し、生徒や保護者たちを教育する必要がある。必要に応じて、現在の小中学校以外の仕組みをつくるべき、ということにすぎない。

しかし義務教育という考え方が誤っているのではなく、うまく機能していない学校が悪いのだ。義務教育という考え方、ヴィジョンを実現するための道具、仕組み、制度である現在の学校および、その構成員である生徒たちや教員たち、保護者たちが変わらなければならないことを示しているだけなのである。

日本沈没を安易に語る政治家たち

こうしてみてくると、義務教育というヴィジョンはきわめて重要で、現在、これを再度社会全体で確認する必要がある。同様に経済政策においても、ヴィジョンは重要ではないか。ヴィジョンを打ち出すのは難しいが、避けては通れないもっとも重要な問題ではないか。

そうなのだ。問題は、これまで打ち出されたヴィジョンが誤っていることにある。すなわち、これまでの政権が打ち出した成長戦略におけるヴィジョンはすべて間違っていた。だからヴィジョンは経済にマイナスだっただけなのだ。それは三つの次元で誤ってきた。

第一の誤りは、政府が社会と経済をコントロールできるという考え方に立っていることだ。それにとどまらず、政府が革新的なこと、大きな変革をもたらすことができると考えていることである。政府に経済を動かすことはほとんどできない。政府には環境整備以上のことはできないのだ。政府の力と役割には限界がある。現代の経済においてその傾向はいっそう強まり、決定的なものにまでなっている。

第二の誤りは、経済の主役が企業であると考えていることだ。これが根本的な誤りである。企業はあくまで箱にすぎない。箱ではなく、箱の中身が重要なのだ。

箱の中身とは何か。人である。個人である。働き手であり、消費者である。人が集まって企業ができるのであり、企業の外側の独立した個人も存在する。

近年、若者の活躍の場が変わってきた。若者が海外に行きたがらない、という批判をメディアなどでよく耳にする一方、個々の日本人の海外における活躍には目覚しいものがあり、むしろ急激に増えている印象がある。いまさらいうまでもないが、野球においては世界一のレベルの人材供給国であるし、サッカーにおいても日本の選手は個人としても素晴らしいことがよく知られるようになった。スポーツだけでなく、建築家、ファッションデザイナー、工業デザイナー、そして料理人など、幅広い分野で日本人は活躍し、その「個」の素晴らしさを世界中の人びとが認識するようになっている。

この「個」の活躍が、日本という国、日本人への世界中の人びとの注目を高めている。日本自体への関心の高まりは、日本経済にとっては大きなプラスになっている。円安になったこともあり、二〇一三年に入ってから観光客は急増しているが、それも、これまでの中国、韓国ではなく、欧米からの観光客が急増している。世界における日本の存在感は急激に高まっているのだ。

これは日本が社会として、文化としても世界中の注目を集めており、また魅力的であることを示している。すなわち、日本は、個としても、社会としても、非常に魅力ある国なのだ。

第三の誤りはここにある。すべての政策議論、とりわけ成長戦略は、日本がまったくダメな国であり、このままでは経済が破綻するかのような前提に立って議論していることだ。成長戦略を議論するとき、このままでは日本は衰退、滅亡する。だから一発逆転のためにゼロクリア、既存のものをすべてぶっ壊せ、というような議論が行なわれる。「一度、ガラガラポンして……」などと政治家が大真面目な顔でNHKの『日曜討論』で話しているのをみると、幼稚な言葉とともにその認識の愚かさに唖然《あぜん》としてしまうが、彼らは真剣だ。日本が経済的に破滅の危機に陥っているような議論をつねにしているのである。

安倍首相の経済政策に関する演説にも、このままでは日本経済が沈没するかのような言葉が含まれていた。このままでは日本は滅亡するかのような前提で経済政策の議論が行なわれている一例が、リフレ政策である。デフレマインドに陥った日本経済は、このままでは滅亡する。この危機を救うためには、リフレ政策しかない、といった議論が盛んだ。

しかし、この認識は誤っている。経済の実態はそうではない。絶好調とはいわないが、安倍政権が誕生する前から、マクロ経済指標をみると、世界的には成熟国経済としては悪くない水準であったし、失業率も一貫して低い。二〇一三年の経済も、安倍政権が誕生し、雰囲気が一変したことによってさらに見通しが改善したが、それがなくとも日本は回復軌道に乗っていた。先進国経済ではアメリカと日本が世界を引っ張る構図となっていたのだ。

日本を取り戻すな、新しい日本がここにある

いったい、この日本経済に対する悲観論、実態に対する認識の誤りはどこからきているのだろうか。

原因は二つあると思われる。

まず一つは、悲観論のほうが盛り上がるからだ。もう日本は破滅する。自分がこの身を捨てて、その日本を救う、という演説のほうが政治的には迫力がある。だから、極端な悲観論を展開し、それに対して自らが立ち上がった、という演説が政治家によりなされるのだ。これが経済政策にまで及ぶこととなり、政治家の打ち出す経済政策は、危機を煽《あお》るだけ煽り、

その危機を救い、日本経済は奇跡の大復活を遂げる、というかたちをとる。

政治の世界では、これはこれで仕方がないかもしれない。しかし評論家やメディアならともかく、冷静であるべきはずの経済学者まで、なぜかこの流れに乗ってしまっている。

たしかに、経済政策を打ち出す側としては、わたくしの処方箋《しょほうせん》で日本を救うといったほうが勢いが出る。救世主として自己陶酔もできる。リフレ政策も同じだ。金融政策ですべて解決できる、インフレになればすべてうまくいく、というのは、一挙解決願望を満たし、単純に考えれば気持ちよい。だからリフレ政策を聞くほうも、主張するほうも気持ちよいのだ。これがリフレ政策が流行した理由だと思うが、この傾向はリフレ政策のみならず、多くの政策議論にまで広がっている。

しかし、悲観論が日本で流行するもう一つの理由が、ここでは重要である。それは、政治家、評論家、メディアの多くが、古い世界に囚われていることである。彼らが新しい日本をみていないことが、日本悲観論が蔓延《まんえん》する理由だ。

現在の日本は、経済規模の点で中国に抜かれ、外交的にも存在感を低下させている。しかし、世界第三位の経済規模をもち、中国とのバランスにおいて、依然アジアでは最重要な国の一つである。それにもかかわらず、日本経済に対する過度な悲観が広まっている。この理由も二つに分けられる。

一つは、いまだにバブル時代に囚われていることである。多くの政治家は、強かった日本を取り戻せ、と演説するが、彼らには一九八〇年代後半のイメージがある。あの時代はバブルであり、持続可能な経済ではない。リーマン・ショック前までの年俸と比べて、こんな金額ではやっていられないと嘆くいまの欧米系金融関係者と同じだ。一億、二億は当たり前、退職金は数百億円という世界が異常だったのである。

それと同じように、バブル期の日本を再現することはできないし、再現すべきでもない。異常な不動産バブルが異常な株バブルを生み出し、それに依存して、企業が過剰な設備投資と過剰な雇用、過大な賃金とボーナスの支払いをし、過剰な支出を行なっていたのだ。そのバブルが崩壊したあとは、バブルの残骸、過剰設備、過剰雇用、過剰債務と戦わなければならず、九〇年代は「失われた十年」となったのである。

さらに、八〇年代後半のバブル期と九〇年代の敗戦処理期のあいだに、まっとうなビジネスモデルを打ち立てられなかったことで、二十一世紀に入っても新しい構造の日本経済は世界に打って出ることができず、「失われた十五年」「失われた二十年」といわれるような状態に陥っている。バブル時代に囚われるのは誤りだ。

落ちる大企業あれば栄える新興企業あり

加えて、悲観論をもたらしているもう一つの理由は、かつての超優良大企業の昨今における不振によるものである。

日本を代表し、世界の一流企業と思われたソニーが没落しはじめて十年が経つ。ソニーがいかにもやりそうなことを行ない、世界を席巻し、世界一の企業になったアップルと正反対に、ソニー自身は多額の赤字を計上し、不振に悩まされつづけている。

世界でグローバルブランドを確立してきた日本企業代表のソニーが危機ならば、日本的な日本企業代表である松下電器、現在のパナソニックも大不振。七〇〇〇億円以上という目を疑うような赤字を連続して計上した。液晶テレビにおいて大成功を収め、経営学やビジネス誌では成功の原因を徹底的に研究され、分析される対象だったシャープも、そのテレビで危機に陥り、企業そのものが破綻寸前とまでいわれる状況になった。

日本は金融、サービスセクターはまるでダメだが、モノづくりなら世界一というのが人びとの認識だったが、世界で圧倒的に強いと思われた家電メーカーが危機に陥ったことが、多くの人びとにショックを与えた。日本経済はもうダメだという印象がさらに広がったのである。

しかし、こうした見方は一部の例に引きずられている。日本経済に対する悲観論をもたらす根本的な誤解は、伝統的な大企業だけをみていることから生じている。そして、政権が打ち出す成長戦略が根本的に誤っているのは、そうした伝統的な大企業を念頭に置いているからなのだ。

日本経済は大きく変わっている。伝統的大企業に代わって、新しい企業が次々と出てきている。数多くの小さな成功企業が登場してきている。若者の多くは、伝統的な大企業、輸出中心の製造業大手には就職しない。ボーナスもない、ベースアップとも、定期昇給とも、経済団体とも、春闘とも無縁の、新しい企業に就職している。伝統的な大企業、誰でも名前を知っている企業の盛衰だけをみていると、日本経済の現状を見誤ることになる。

経済が成長するとはそういうことだ。かつてのスターが新しいスターに取って代わられる。スター以外の選手も、気づくと若手実力派に著名ベテラン選手が圧倒されている。これはスポーツでも、料理の世界でも、アニメでも、芸術でも、どこででも起きていることである。そうでなければ、成長など生まれない。

企業とはただの「箱」

これまでさまざまなところで議論されてきた成長戦略のヴィジョンは、前述したようにこれら三つの次元でつねに誤っている。この三つの誤りが結合して、致命的に誤った成長戦略が生み出され、議論されてきたのだ。

政府には、世界経済の将来を予測することはできない。それにもかかわらず、具体的な戦略を打ち出そうとする。成長産業に集中してカネを投下すると銘打たれた財政出動がなされる。しかし、将来の予測は正しくないから、この政策は必ず失敗する。誰にも将来が予測できない以上、成長産業を見抜くことも、そこに集中投資することもできないし、しようとしてはいけない。

産業すら選べないのだから、企業はさらに選ぶことはできない。どの企業を救うか、伸ばすか、優先的にカネをつけるか。それもすべきではない。

現在の世界経済の変化は激しく、将来は不透明であると同時にダイナミック、つまり、動的な変化が激しすぎて予測不可能である。だから、政府の成長戦略において、ヴィジョンが打ち出されることを期待してはいけないし、打ち出すべきではないのだ。

将来は予測できない。だから、将来の予測に基づく政策は失敗する。これからは太陽光や電気自動車だ、あるいはミャンマーだ——そういった予測は無意味どころか、害のほうが大きい。

将来が予測できないのだから、その予測に賭ける政策は、ギャンブル以上に危険だ。政府がヴィジョンに基づき、具体的にはっきりとした政策を打ち出せば、多くの企業は、その流れに追随せざるをえない。政策の恩恵を受け、短期的には儲かるからである。さらに多くの企業が同じ方向に動けば、金融市場のバブルと同じで、短期的には、その産業や地域の周辺が盛り上がり、企業も短期的に大きく儲かる。

しかし、長期的には、その企業も、日本経済も道を大きく誤ることになる。中国に偏りすぎれば、アフリカブームに乗り遅れてしまうだろう。あるいは日本はモノづくりの国、半導体、テレビはマーケット規模が大きいから死守しなければならない、という考えも明らかな誤りだ。そうやってサービス産業に出遅れ、モノとサービスの融合、新しいカテゴリーの誕生、カテゴリーにこだわらない柔軟なビジネスモデルの誕生、というチャンスを摑《つか》み損ねてきた。

たとえば、現在のアベノミクスでもっとも大きな恩恵を受けた産業は自動車産業だろう。やはり、日本は自動車産業だ。しかも、国内雇用による輸出モデルが重要——。こうして過去のビジネスモデル、産業構造に依存しすぎることが次のチャンスを見失わせる。自動車産業の復活による日本経済の印象に引きずられて、誤った自信をもってしまった政府が、懐古的な政策を次々と打ち出してしまうのがもっとも危険なのだ。

そして、これは第二の次元の誤りと結合して、より深刻な誤りとなる。すなわち、企業が経済の主役であるという誤解によって、企業を助けるための政策が打ち出されるようになるということだ。企業はあくまで「箱」にすぎない。箱のなかにいる人の力をつけなければならない。

すなわち、どの企業、どの産業、どのような方向性で、具体的な政策的支援をしてよいか、それがわからないはずなのに、実行しようとする。それによって経済全体が誤った方向をめざし、助けるべきでない企業、産業を生き延びさせることによって、経済全体の効率が落ちる。

そもそも企業を支援するということ自体が間違っている。企業、あるいは産業という箱のなかにおいてどの箱が生き残るかわからないなかで、目の前にある箱、たとえ現時点においてそれがもっとも丈夫にみえる箱であっても、その箱を守り抜こうという政策自体は誤りなのだ。企業が主役ではなく、人間が主役、個人が主役なのである。

量的成長戦略から質的成長戦略へ

つまり、特定企業や特定産業を念頭に置いた成長戦略は、二重の意味で誤りである。世界経済がどうなろうとも、生き残っていける個人、人を創り出すことが重要であり、個人がどのような状況であっても、付加価値を生み出せるような人材でありつづけられることが不可欠なのだ。将来が不透明であり、ダイナミックに変化する現代の世界経済において、企業の永続性は保証されない。しかし、いずれにせよ個人は生き残っていかねばならない。その個人が生き残り、成長する、その手助けをするのが、政府の役割である。

そして、ここに第三の誤りが覆《おお》いかぶさってくる。

日本経済は沈没する。それを救い上げるには、一発逆転の大胆な政策を打ち出さなくてはいけない。しかし、それはけっして評論家、あるいは野党の政治家が派手に語るような、ガラガラポンし、ゼロベースからつくりあげるようなものにはならない。

なぜなら第1章で述べたように、成長戦略は既存企業に依存したものになるからだ。広い意味での既得権益に依存しなくては、政権は維持できない。

その結果、既存の枠組みは壊さず、それでいて、派手な政策を打ち出す必要がある。そうなると、構造を変えずに、たんなる物量投入となる。大胆な金融緩和、大規模な財政出動にならざるをえないのだ。そしてその成長戦略は、既存の大企業を支えるものとなり、既存の構造を大きく変えるものにはならない。

こうした金融緩和、財政出動、そして既存企業の後押し。これらは政治的には、じつはもっとも正しい政策である。もっとも効率的で即効性のある経済政策だからだ。景気押し上げ効果を短期に実現し、有権者に政策の直接の効果を実感させるには、これがいちばんである。

構造変化を経て日本経済が成長するには十年を要する。人を育て、それが経済全体、マクロ的に実を結ぶまでになるには二十年以上、いや半世紀かかるだろう。金融を緩和し、財政を出動させ、既存の企業を後押しする。これが一年で景気実感を改善する唯一の方法なのだ。それは短期にしか持続しないが、政治的にはそれでよい。一年後には、政治状況も世界経済も、大きく変わっているからだ。

アベノミクス成長戦略の罠

これが、近年の成長戦略の最大の問題点だ。そして、安倍政権の成長戦略は、みごとにこの罠に嵌《はま》り込んでいる。罠というよりは、確信犯的に大きな誤りを犯している。アベノミクスの成長戦略は現在衰退しつつある企業や産業構造に依存したものになっている。これは致命的な誤りだが、あえてその道を進んでいる。

前述したように、既存の大企業に依存するこの戦略は短期的にはもっとも効率的であり、効果的だからだ。それなりに機能してきた大企業に、より有利な経済環境をつくることによって、これまでの延長線上で活動してもらうことになる。これなら実現の可能性は高いし、規模の拡大によって、雇用もＧＤＰも確実に少しだけ拡大する。政策の効果を国民にみせつけるには、もっとも確実で効果的な方法だ。

さらには経済政策そのものとしても効率的である。既存の枠組みをそのまま使うわけだから、何の工夫も要らないし、すぐに破綻することはない。

しかし、これは長期的には日本経済を衰退させる。経済構造の変化を妨げ、経済全体が新しい現実に対応することを阻害するものだからだ。

成長戦略という名の〝既存の枠組みを効率的に活用する政策〟を実行するとどうなるか。企業の競争関係は固定化され、経済は死んでいく。なぜなら衰退すべきビジネスモデル、過去に囚われている企業、これらの企業から成り立っている産業が生き残るからである。企業と産業が生き残り、経済が死ぬ。これこそ本末転倒だ。つまり政権の成長戦略は、企業を守ることによって、経済を弱める戦略となってしまうのである。

以下の章では、成長戦略や経済政策に関するさまざまな誤った常識を個別に取り上げ、なぜ、それが間違っているのかを議論する。そのうえで、真に成長を実現するためには何が必要か、日本経済はどうならなくてはいけないか、それを助けるための経済政策とは何かを議論する。真の成長戦略とはどのようなものか、最後にそれを提言したい。

第 3 章

企業競争力強化で経済は衰退する

産業競争力強化＝成長戦略という誤解

成長戦略とは、企業の競争力を高める政策であると思われている。それは議論の余地などなく、成長戦略策定となれば、即座に企業競争力を高めるための手段の議論に終始することとなる。

しかし、企業の競争力強化では、経済成長は達成できない。企業の競争力と経済成長は別物である。さらに、企業競争力強化政策は経済成長の可能性を狭《せば》めることになる。本章では、「成長戦略とは企業競争力強化そのものである」という常識の誤りについて、議論していこう。

現在の安倍政権では、産業競争力会議という場で成長戦略が議論されている。出発点から根本的な間違いを犯している。成長戦略は産業競争力ではないから、このような考え方では、経済成長の実現は原理的に不可能なのだ。

なぜ、彼らは成長戦略を産業競争力と誤解しているのだろうか。いや、もしかしたら、読者の多くも同じ誤解をしているかもしれない。ここではまず、産業競争力とは成長戦略ではないということをみてみよう。

産業の競争力とは何か。それは三つの要素から成り立っている。第一に、企業の活動する地域や国家の競争力である。第二に、立地する国(地域)における当該産業自体の競争力である。第三に、産業を構成する企業の個別の競争力である。

本章では、第三の企業の個別の競争力について考える。結論を先取りすれば、企業の競争力強化という政策は、成長戦略にはなりえない。言い換えれば、成長戦略に含まれる企業の競争力を強化するという政策は、経済成長をもたらさないのだ。

なぜか。

まず、危機に陥った企業を救済することは、成長をもたらさないどころか、経済成長を阻害する。本来、企業の経営に政府は関与するべきではない。ところが、この原則ですら守られないのが、日本の政策における常識である。個別の企業の衰退を回避しようとして、エルピーダメモリは、政府によって救済された。もともとこの企業の成り立ちは、無理やり政府が主導して再編を促進(強制)したことによるものだった。日本航空(JAL)に関しては、成功したことになっているが、産業界においては、賛否が分かれている。

危機に陥った企業の救済は、政治的にはやむをえない、社会のために必要だという議論がある。しかし、ここでは、経済成長に資するかどうかという観点からみているので、経済成長にはマイナスである以上、望ましくない政策となる。

なぜ、経済成長にとってマイナスか。それは、劣った企業を経済に残し、優れた企業が成長することを阻害するからである。

破綻あるいは危機に陥った企業と陥っていない企業があったとき、それらが同じ産業に属していた場合には、危機に陥っていない企業のほうが、何らかの意味で優れている企業であるはずだ。したがって経済全体としては、その優れた企業が残ったほうがよい。

二つの企業で競争させたほうがよいという考え方もあるが、そのためだけに破綻する企業を救済するのは、コストの大きさに対するメリットが測りにくく、財源の限られた政府の行なうべきこととはいえない。また、競争させるために救うとなると、勝ち残っていた企業は何のために勝ち残ったのかわからなくなってしまい、努力して効率的な経営をするインセンティブが失われてしまう。

同様に、政府が、財源あるいは何らかの権利などを企業に割り振る場合には、同じ産業なら、危機にある企業Aよりも、危機に陥らなかった企業Bに投入したほうがよい。生き残っているという結果自体が、企業Bの経営のほうが効率性の高いことを示しており、そこで資源を追加投入するのなら、効率のよい企業に投入したほうが、経済全体にとっては望ましいからだ。

これは、危機に陥った企業だけに限った話ではない。すべての企業に関する政策についていえることだ。

政府は企業を選べない

なぜ、政治家は特定の企業を支援するのか。その企業に頼まれたか、その企業を支援することにメリットがあるからである。政治家あるいは政府とその企業は関係が深い、つまり癒着している。しかし経済学的には、癒着していること自体が悪いのではない。癒着するためにエネルギーを使うこと、癒着している企業が癒着していない企業よりも劣った企業であることが問題なのだ。

癒着するためには、エネルギーと人材の投入が必要だ。専属の政治家担当を置かなければいけない。しかし、ほんとうに効率的に活動している企業は、癒着することによるメリットが相対的に小さい。なぜならコネという土俵ではなく、実力という土俵で戦ったほうが有利だからだ。

さらに、企業は効率的に活動しており、投入されるべき時間も、人的資源も、きわめて貴重である。政治家を接待したり、関係を深めたりすることにエネルギーと人材を投入するより、通常の研究開発や商品企画などにそれらを投入したほうが、企業自身もより多くの利益を上げられる可能性が高い。

したがって同じ業界のなかに、政府と癒着している企業、癒着していない企業があるとすれば、癒着していない企業のほうが効率的な経営をしているはずだ。そうなると、日本経済全体を成長させるためには、その効率的な企業に肩入れしたほうがよい。

しかし、そこに政府が介入するかぎり、逆の選択をすることになる。政治家は忙しすぎて、自分で企業を探すことはなく、陳情でなくとも、何らかのアプローチを受ける側だからだ。政治家にアプローチするエネルギーと暇のある企業は、前述のように効率的でない企業である。したがって、政府がベストの企業を選ぶことは不可能だ。

これは、恋愛と似ている。美男美女ほど異性からアプローチを激しく受けるが、アプローチを受けすぎて、それ以外からパートナーを選ぶ余裕がない。その結果、アプローチをしてきたせいぜい一〇人程度のなかから相手を選ぶことになるが、アプローチをしてくる人びとは暇人である。あるいは現在パートナーがいない。したがって、そこにベストのパートナーが含まれている可能性は低いし、選択肢も一〇程度とかなり限定的である。一方、まったく異性からアプローチを受けず、自分からアプローチをせざるをえない人は、目を皿のようにして、あらゆる異性の魅力を観察することになる。その結果、世界の七〇億人のなかから一人を選ぶことができるから、圧倒的に素晴らしいパートナーに出会える可能性が高い。

政府も同じである。権力をもっていること自体が選択の幅を狭め、誤らせる。新しいものを発見する機会を失わせる。美貌と権力は、幸せと経済効率性の実現を妨げるのだ。

人の強化なくして企業の強化なし

しかし、やはり日本経済の競争力を強化するためには、企業の競争力を強化しなければならないのではないか？　経済の主体は企業だから、企業強化なくして経済強化なしではないか？　そう思われる読者も多いかもしれない。

残念ながら違うのだ。企業の競争力強化は、やってはいけない経済政策だ。

なぜか。

企業は「箱」にすぎないからだ。

箱を強化しても、中身が弱ければ弱い企業が存在するだけだ。企業を強化するとは、箱を丈夫にしたり、その箱のなかにいることを心地よくしたり、その箱から逃げられなくするために箱を深くする、ということになる。しかし、空箱は立派であっても、やはり空箱なのだ。

箱は中身が大事だ。中身とは何か。人である。人を強化しなくては、企業は強化されない。逆に、箱、企業という入れ物が強化されても、中身の人が強化されなくては、結局、箱の価値は上がらない。

もちろん、箱が存在しなければ、中身をどこに入れておくかで困るだろう。よい箱でないと、中身も生かせない。しかし、箱を立派にすれば、中身も立派になるわけではない。最大の問題は、ゼロから箱をつくるのが面倒なとき、壊れかけた箱を取り繕《つくろ》って使いつづけようとすることだ。箱から中身が溢《あふ》れ出ないように、中身に比べて箱が弱くなった場合にも、直して何とかしようという発想が間違いなのである。

とくに日本人は、壊れかかったものを修繕して使うことを美徳と感じる。これは素晴らしい考えだ。資源を浪費する現代において、この「もったいない」という精神は重要であり、日本を象徴する言葉として、世界的にも有名になった。しかし、企業という箱の場合、それは違う。箱に縛られてはいけない。

箱とは企業でもあるが、企業を構成する一つのビジネスモデルとも捉えられる。ガバナンス構造ともいえるし、経営者とも考えられる。ここではビジネスモデルについて少し考えてみよう。

時代とともに変化する必勝法

ほとんどの企業は、売り出した製品が大ヒットとなるように努力する。しかし、一つの製品が大ヒットしても、次の製品が当たらなければ、その企業の成功は一時的なものに留まる。したがって、継続的にヒット商品を出すことが必要で、それを可能にするビジネスモデルを考える必要がある。

戦後の高度成長期、松下電器や東芝は、小売の系列ネットワークを構築し、販売網を築き上げた。昭和の時代においては、商店街にある電器屋さんは重要な存在であった。その電器屋は商店街に属し、商店街は、地域のネットワークに組み込まれていた。町の人は、一度、その電器屋で買えば、その後も継続的に購入を続けたのである。

家を建て替えるときには、すべての家電製品だけでなく、冷房などの設備もトータルでその電器屋から購入した。さらに、隣人や仲間にこの電器屋を紹介することでネットワークは横へと広がり、顧客が父から息子になっても、またそれぞれの商店を息子たちが父から引き継いでも、お互いに取り引きを続けた。ネットワークは縦にもつながったのだ。

大手家電メーカーは、こうした町の電器屋を系列化し、その町の人びとに自社ブランドを浸透させた。テレビでも、冷蔵庫でも、洗濯機でも、その町の電器屋が所属する系列の家電製品を町の人びとは買ったのである。

だから、得意不得意によらず、すべての分野の白物家電を生産する必要があったし、白物だけなく、テレビ、ステレオなどの音響製品も必ず手がけた。すべての分野のラインアップを揃え、系列の町の電器屋を通じ、その町の消費者をブランドで囲い込んだ。町の電器屋も、一つの系列に属すればすべての製品が揃うから、ほかの系列の製品を仕入れる必要がなかった。在庫もなくて済んだのだ。

しかし、町の構造も、家族の構造も、地域社会の構造も変わった。消費者の購買行動が変わると状況は一変した。町の電器屋はやっていけなくなったが、それは家電メーカーにとっても、このビジネスモデル自体が維持できなくなるという企業経営の問題になったのだ。

この町の電器屋を駆逐《くちく》したのは秋葉原電器街の大型店であり、その秋葉原の大型店を圧倒したのは、大型カメラ量販店だった。

若い消費者を中心に、中年の消費者でさえも、地元の電器屋から秋葉原へ移動していった。そこには圧倒的な価格差があった。工事などを伴う場合を除き、サービスがほとんど必要ない家電製品を中心に、価格がすべてを決めるようになっていった。そして、その安さは世界的にも有名になり、日本に来たアジアの観光客は秋葉原で電化製品を買って帰るようになった。

しかし、秋葉原も間もなく、大型カメラ量販店にその地位を奪われた。もともと秋葉原の店舗は卸売から始まっていて、店員の接客には期待できなかった。便利な場所にあるわけでもなく、電化製品を買うためだけに秋葉原に行かなくてはならなかったのだ。秋葉原はＰＣ自作マニア、電器マニア、アニメマニアなどが集まる、マニアックな街へと変化していった。それはもともとの成り立ちにマッチしていたが、大型電器店自体は大型カメラ量販店に圧倒されていった。大型カメラ量販店は、ターミナルステーションなどを中心に人の集まるところへ出店し、集客力で上回り、質が高いとはいえないが、接客する店員の数でも圧倒的だった。

大型カメラ量販店は驀進《ばくしん》した。全国展開を行ない、規模の拡大を進め、大量仕入れをすることによって、メーカーへの支配力を強め、価格で秋葉原を大きく上回る競争力を手に入れた。ある大型カメラ量販店は専用モデルを家電メーカーにつくらせるまでになり、メーカーの製品開発にまで影響を与えるようになった。上場する企業も相次いだ。

しかし、これも長続きしなかった。カメラ量販店どうしの過当競争はポイントによる値引きの激化を招き、彼らは体力を落としていった。ポイントに対する財務会計上の扱いの変更によって、一気に財務危機に陥るところも出てきた。そしてインターネット通販の発達、とりわけ価格比較サイトの発達によって、カメラ量販店は日本最安値からは程遠くなっていった。消費者は、店舗を構えている店には実際に製品を触るという目的で訪れ、その後、インターネットを使っていちばん安い店で買うという行動をとった。そうなれば、大型店舗を構えず、コストを最小限に抑えたところが勝つのは当然だ。

さらにネット通販も、アマゾンの台頭によって大きく変わりつつある。電化製品は、とくにアマゾンが強くなった。家電製品はブランドが確立しているから価格比較もしやすく、規模のメリットも生まれやすい。単価も高い。アマゾンは全力でこの市場を獲りにきた。アマゾンは、サイトの読みやすさ、決算の簡便さ、ロジスティクスの優位性（配送が早く安定していること）など、ネット通販では圧倒的な競争力をもった。消費者は価格サイトで最安値を調べ、そこでアマゾンの価格と大きな違いがなければ、アマゾンでの購入を選ぶようになったのである。

まさかゲーム企業になるとは思わなかったSNS企業

このように、ビジネスモデルは変遷《へんせん》し、勝ち残る企業も変化しつづけるのが市場である。ただし、変化をリードするのは新しい消費者であり、団塊の世代などを中心に、依然カメラ量販店がいちばん安いと信じている世代もいる。新しい世代、新しい消費者が変化をリードし、市場の変化に伴って、その他の消費者もその変化に追随することが多い。

違う例もあげよう。インターネット企業といえば、一時はポータルを争う企業群であった。つまり、彼らはPCユーザーがパソコンを立ち上げたとき、最初にインターネットでブラウズ（閲覧）するときのサイトとして選ばれることをめざした。それによって閲覧数が増え、広告料も上がり、ホームページへの呼び込みによって付随的なビジネスを行なうことを狙ったのである。それがヤフーであり、MSN、ニフティ、ライブドアだった。

しかし、いわゆるポータルサイトはSNS（ソーシャルネットワーキングサービス）サイトに取って代わられていった。日本では当初、ミクシィが圧倒的な強さを誇ったが、たんなるモノまねと思われたグリーが携帯を中心とするモバイルに力を入れ、一気に逆転した。DeNAなども台頭した。これらのサイトは集客力が高いだけでなく、個人の嗜好や趣味、バックグラウンドなどを個別マーケティングに利用できる可能性があるため、非常に高い価値があるとみなされた。その典型がフェイスブックだったが、個人情報保護などの問題もあり、これらのサイトを運営している企業は当初予期していなかったビジネスモデル、ゲームを中心として利益を上げていくようになった。このビジネスモデルは戦略的に変えたというより、試行錯誤のなかで、まさに変遷していったのである。

もう一つの本命ポータルサイトは検索サイトであり、そこではグーグルが世界を席巻した。グーグルは検索という単純なカテゴリーで圧倒的な力をもつことにより、検索サイトという枠組みを越え、インターネット全体を支配していったのである。ブラウザも、メールも、地図も、グーグルの完全な優位性が確立された。

検索を利用した広告は単純だったが、その簡易さと効果の高さから、非常に収益力の高いビジネスモデルになった。グーグルは株式上場の際にも世界の掟《おきて》を破り、投資銀行の影響力を排除しようとしたり、創業メンバーが議決権を支配するガバナンス構造をもったりするなど、あらゆる面で、世界をリードする圧倒的な企業となった。

顧客ニーズでは顧客は摑めない

時代を遡《さかのぼ》って、リアル店舗の例もみてみよう。顧客のニーズをいち早く汲み取るため、POSシステムを活用し、素早く対応したのが、セブン-イレブンであり、花王であった。購買した顧客の情報を瞬時に吸い上げ、分析し、素早く対応したのだ。仕入れや商品開発への素早い対応によって、これらの企業は同業他社に差をつけていった。しかし、POSシステムによるビジネスモデルは、多くの企業が追随すれば、業界の常識となり、その部分では差がつきにくくなる。しかし、セブン-イレブンは当初の優位性を生かしつつ、別の次元でもライバルに差をつけていった。

それは、これまでの顧客の行動に囚われない製品開発をする、ということである。顧客のニーズを調査しない、考えない。たとえば、常識的にはコンビニエンスストアで高級品が売れるとは思われていなかった。事実、高級な弁当や生菓子を試しても、あまりうまくいかなかったのだ。しかし、消費者の価値観はつねに変化し、店に来る客層も変わりつづけている。消費者自身がこれまでのコンビニ像に囚われ、従来と違うカテゴリーの商品を試すことがなかった可能性もある。セブン‐イレブンは、消費者自身が気づいていないが、実際に商品が出てくれば、ほしい、買いたいと思うようなものを開発することに挑戦した。もちろん、データも最大限利用した。

この結果、コンビニでも「ちょい高」と呼ばれる、ちょっと高いが品質のよいもの、美味しいものが売り出され、ヒット商品になった。コンビニスイーツが流行り、レトルト、加工食品のプライベートブランドにおいても、高級品がヒット商品した。

闇雲に消費者ニーズを汲み取ればよいというものでもない、という考え方は、時代の変遷とともに、さまざまな分野でみられるようになった。自動車メーカーの本田技研工業も、消費者、ユーザーの意見はあえて聞かない、というまったく逆の考え方を取り入れ、製品開発をするようになった。調査によって集められた消費者の意見は、実際に買う際の消費者の行動とは大きく異なるからだ。いまどんな自動車がほしいかと聞き、消費者が出した答えに沿って開発を進めても、その自動車が販売店に並ぶ数年後には、消費者のテイストも、社会の環境も、大きく変わっている可能性がある。アンケート調査への回答と実際の購買行動は、まったく別物であるという理由もあった。

同時に消費者の声に媚《こ》び、さまざまな声を積み上げても、よいものは生まれないという開発哲学もあった。平均的に好ましい自動車ではなく、特別な魅力のある自動車を買う、という人びとが、まだまだ多く存在したのだ。さまざまな声を反映した自動車は、筋の通った、名品にはなりえなかった。開発者の信念が込められたものでなければ、真によい自動車はつくれない。そうした信念が正しいことも、明らかになってきた。

こうした考え方が昨今広がってきたのは、やはり、時代が変わったからである。変化が激しく、先を見通せない時代には、変化の激しい消費者の嗜好を追い、読めない時代の変遷を無理に読もうとするのではなく、基本に立ち返って目先に囚われず、その製品の本質を考え抜き、本質的に優れたものをつくることが重要になる。そうした考え方に基づいて生み出された製品の優位性が高まってきたのだ。

ビジネスモデル・盛者必衰の理

企業の優位性、ビジネスモデルの優位性は、つねに変化する。ヒット商品を次々に生み出すビジネスモデルや企業であっても、環境変化にうまく対応できるかはわからない。現代の世界経済は、この変化がさらに激しくなっている。こうした環境のなかで、企業が新しい環境に対応できなくなり、衰退しはじめた場合には、いったいどうしたらよいのか。

結論からいえば、どうしようもない。どうすることもできない。新しい環境に対応できない理由はさまざまだろう。経営者が悪い。これまで成功したビジネスモデルに執着しすぎている。あるいはビジネスモデル自体が企業構造に埋め込まれ、変更することが難しい……。いずれにせよ、そうなれば、その企業はそのままでは生き残れないから、諦《あきら》めるしかない。

そこで、方法は二つしかない。企業という箱を捨てるか、箱を守るために中身を入れ替えるかである。

前述したように、ほとんどの経済政策が、企業という箱を守るための政策になっている。成長戦略という未来のための政策ですら、そうなってしまっているのだ。

新興国の新興企業が、安い労働力と生産効率の高い最新鋭の設備で、大規模生産を実施してグローバル市場を席巻した場合には、かつて世界一だった企業を守るため、設備投資減税を行なう。それで足りなければ、資金援助を行なって財政を強化する。国内企業どうしで切《せっ》磋琢磨《さたくま》してきたことが、今度は規模を奪い合いスケールメリットがなくなっているから、合併させて規模を確保する。過当競争で利益が減少するのを防ぐため、国内競争を制限する。

このように、無理やり箱を守るため、現状の企業を何とか維持するために、すべての政策を投入する。

しかし、この箱、この企業は、これまでは政策の支援なくして成功してきた。そこで支援が必要となったということは、この箱のモデルが環境に適合しなくなってきたということにほかならない。この箱は、これまでは丈夫であったかもしれない。しかし、いまやそうではない。それは風雨にさらされたからかもしれない。紙の箱であれば、弱くなってしまうだろう。政府が傘を差してやる必要があるかもしれない。一時しのぎとしてはそれしかない。雨がやむことを祈り、雨がやんだら、政府がドライヤーを与え、乾かしてやらないといけない。

しかし、雨がやまなかったらどうするのか。地球温暖化で日本が温帯から亜熱帯に変わり、今後は、毎年ゲリラ豪雨が降るようになってしまったら、いったいどうすればよいのか。

急激な円高は、夕立かもしれない。それがやむのを待つか、無理やり雨をとめるか。それが政府の仕事かもしれない。しかし、夕立は夏には毎日降る。あるいはゲリラ豪雨が日常化すれば、傘や天気予報をいくら準備しても、なすすべはないかもしれない。そうなったら、ゲリラ豪雨に適した行動をとらねばならない。亜熱帯に変わったのなら、地球温暖化で夏が暑くなったなら、クールビズを恒常化すべきかもしれない。

環境変化が起きているときに、同じ企業という枠組みで、同じ箱を何とか守りつづけようとすることは、ゲリラ豪雨で立ち往生して喫茶店で雨宿りしている人びとに、傘を貸し与えるから外へ出ろ、といっているようなものだろう。しかしそれが一時的な雨ではなく、永続的な温暖化であれば、通勤スタイル、オフィス環境を変える必要がある。半袖スーツを認めるより、スーツをやめるほうがよいのだ。

いちばんの問題は、箱をいったん守っても、その箱はいつまたダメになるかわからないことだ。ダメになった箱が修復可能か、そのためにどれほどコストがかかるか、今後、修理が何度必要になるか、まったく判断できない。そうであれば、同じ箱にこだわることをやめたほうがよいのでは、ということになる。濡れて弱くなった紙の箱は諦め、新しい紙の箱をつくればよい。あるいはまったく壊れていない箱、自然と立派に育っていった箱に、中身を移したほうがよい。

箱を捨てよ、人を出そう

競争力を強化するために、箱だけを立派にすることにも、壊れた箱を必死で直すことにも意味はない。それよりも中身を守ること、中身を豊かにし、成長させること。それが本来の目的だ。

そのなかにいる人を守ること、そしてその能力を伸ばすこと。そこで付加価値を生み出せる人材を増やすことこそが重要なのである。そうした人材は企業という箱を通じて力を発揮し、経済全体に貢献し、経済成長を生み出す。ある企業がダメになれば、成長している別の企業に移り、新しい企業の新しいビジネスモデルのもとで、その人材は実力を発揮すればよい。

壊れた箱を直し、そのなかにいる優れた人材を、箱を守るために押し留めるのは無意味なのだ。箱が腐ってくれば、中身も腐ってしまう。あるいは、中身の一部のリンゴが傷《いた》んでくると、それは他のリンゴにも伝染する。こうした状態で、箱を取り繕ってもまったく意味がない。必要なことは、直ちに腐っていないリンゴだけを、新しい箱に移すことである。

つまり、解雇あるいは自発的な労働移動は、必ずしも悪いことばかりではない。別の企業に移り、自分の力が発揮できる環境で、存分に働けるからだ。あるいは倒産によって、従業員は新しい枠組み、新しい経営者のもとでやり直すか、新しい企業に移る。企業経営者側が、従業員、労働者を一方的に解雇するのが悪いというイメージだけがはびこっているが、解雇されても、有為な人材ならば力を発揮できる新しい職場、企業に移れば何の問題もない。そこでより実力を発揮できれば、本人にとっても、経済全体にとっても望ましいからだ。

経営に問題がある場合、同じ経営者が同じ枠組みで経営しつづけているなかで、政府が資金援助を行なっても、何も改善しない。追加資金がムダになるだけでなく、従業員の働きもムダになる。そこで枠組みを維持すること、これまでどおりの企業を延命させるために資金援助することは、むしろ従業員にとっても、経済全体にとってもマイナスであることは明らかだ。

これは、企業が決定的な危機に陥っていなくても同じである。いや、むしろそのような場合にこそ、重要な議論だ。つまり、経営破綻するほどではないが、業績が冴えないとき、政府が梃《てこ》入れ政策をとる。あるいはもっとソフトに、幅広い支援策をとる。そこで人材は中途半端に、非効率な企業のなかに押し留められてしまい、力を発揮できない。中身の人材が悪くないのに、箱から出てくる結果が冴えない。そうであれば、その箱に問題があるか、箱と人材の組み合わせが悪いわけで、いずれにせよ、その人材はほかの箱に動かしたほうがよいということになる。

雇用調整助成金は最悪中の最悪

しかし、この理屈が理解されないまま、安易な政策が数多く行なわれている。

まず、明らかに間違った政策は雇用調整助成金だ。これは中小企業を中心に、現在の従業員をそのまま抱え込ませ、失業させないことのお礼として、雇い主である企業にカネを摑ませるものである。いきなり失業させるのは酷だから、いったん現在の雇用先で休業させて、必要であれば訓練の機会も与え、次の仕事を探す時間稼ぎをさせる。そのなかにはいちおう訓練も含まれているが、実際にはあまり重視されておらず、要はカネをばらまいて、失業者が溢れ出るのを抑えるだけの政策だ。

カネをばらまくこと自体はかまわない。選挙用にも必要だろう。しかし、この政策が最悪なのは、まったく次につながらないどころか、将来の雇用に致命的な悪影響を与えるからだ。

そもそも、原因を究明せずに政策を行なっているところが、根本的な間違いである。いま企業が雇用を普通に維持できなくなったのはなぜか。その原因を示さないまま、失業をとにかく回避するため、カネを配って臭いものに蓋《ふた》をしている。経営が悪いのか、休業させられる側の従業員である被雇用者が悪いのか。どちらを改善すれば、普通に雇用できるようになり、企業経営がうまくいくのか。それが不明のままカネを配っても、原因がわからなければ解決もできない。この政策によって、実質的な失業は維持されつづける。

従業員に問題がある場合は、カネのムダ遣いだ。役に立たない労働力にカネをばらまいていることになる。勤労意欲も削ぐし、自己改善、自己投資をして価値のある労働力になろう、という意欲も失わせる。周囲への影響も大きい。努力して、自己研鑽《けんさん》を積んで給料をもらっている人びとにとっては不公平で、やる気も削がれるだろう。すべての労働者にとって悪い影響をもたらす政策を、カネをかけて行なっていることになる。

経営に問題がある場合は、さらに悪い。従業員は有為な人材であり、彼らを一刻も早く別の企業に移して働かせたほうが、本人たちにとっても、経済全体にとってもよい。有為な人材をカネを払って潰《つぶ》しているのだ。

彼らが、現状どおりで休業することを強《し》いられるくらいなら、辞めればよいのだが、現在の雇用主とのしがらみがあったり、ほんとうに次の機会があるかどうかがよくわからなかったりする場合、惰性でそうした選択をしてしまう可能性がある。そして、働かないから徐々に意欲も失せ、沈滞していく。そのなかで、有為なはずの人材も腐っていく。

箱の中身はまだ腐っていなかったのに、箱を守ろうとして、中身を腐らせてしまうという最悪の例だ。

こうした最悪の政策が行なわれている原因は、もちろん、地方の中小企業にカネを配るということが政治的な目的になっていることもあるが、より重要なのは、企業に抱えさせて問題をごまかすという発想である。企業に抱えさせるというこの考え方自体が致命的なのだ。労働者たちを飼い殺しにすることが、経済への大きなダメージになるということにまったく気づいていない。そのダメージを意識していないから、ただカネをばらまくだけだが、政治的な都合だから仕方がない、という割り切った政策を行なうことができるのだ。

致命傷に気づいていれば、カネのムダをはるかに上回る経済への後遺症を知っていれば、いかに政治的に求められても、ここまで悪い政策は行なわれなかっただろう。

失業が最大の問題であるほんとうの理由

守るべきは、企業ではなく、人だ。失業防止のためにカネをばらまくのは、多数の失業者が街に溢れ、いまは職がある人たちの不安までをも煽るような事態を防止するためだ。だから雇用調整助成金は必要にもみえるが、まったく違う。どうせカネをばらまくのなら、一見、同じように思えても、企業経由で休業資金を渡すのではなく、労働者に直接渡すべきだ。そうすれば、彼らは、ばらまかれたカネに関係なく、自分にもっともふさわしい仕事を選ぶ。

そしてほんとうに必要なのは、カネをばらまいて個人を喜ばせることではなく、人的資本を蓄積するような、次の仕事につながるような、教育や訓練投資を人びとに対して行なうことである。人が成長することでしか、経済は成長しない。だからこそ、人の価値を高める教育・訓練投資にすべての政策を集約すべきである。希望者に対して教育・訓練投資の機会を与え、それをサポートすべきだ。これが正しい政策である。

雇用調整助成金にも訓練投資は含まれている。ただ、それはおざなりで、とってつけたものだ。そうではなく、教育・訓練投資に集中しなければならない。それ以外の費用は補助すべきではない。しかも雇用主（企業）経由ではなく、労働者本人に直接補助すべきなのだ。

さらにいえば、もっとも有効な訓練は、実際に働くことである。働きつづけることである。OJT（on the job training）ともいうが、働きながら身につけたことが、働くうえでもっとも有効な知恵、その人の価値となる。経済学的にいえば有効な人的資本となる。だから、失業は避けなければいけないのだ。

一九三〇年代の世界大恐慌時、経済学者のジョン・メイナード・ケインズは失業回避の重要性を強く主張したが、彼が主張した以上に、失業は経済にとって致命的である。ケインズは、失業は資源を遊休させているから問題であり、かつ労働者は消費者でもあるから、そうすると有効需要が減ってしまうと考えた。だからムダな公共事業であってもそれが起爆剤となって、失業が減り、雇用者の所得ともなり、彼らの消費となって需要を増やすことで、経済が好循環に戻るのであれば、一見、ムダな公共事業ですら必要だといったのだ。ムダな公共事業の意味は失業を防止し、仕事を与えることにあった。

しかし、失業にはさらに根深い問題があると私は考えている。失業は労働者を一時的に遊休させる。それは経済にとって損失であるだけでなく、人間たる労働者を腐らせてしまうのだ。使わない機械は錆《さび》つく。しかし、使われない人間は錆つくだけではなく、腐って、研いでももとに戻らなくなる。だから、次につながる一時的な失業ではなく、非自発的失業、それも長期にわたる失業はなんとしても避けなければならない。

この点でも雇用調整助成金は最悪で、失業よりも悪い。人間を腐らせるという点で、これ以上、理想的な政策はないからだ。

現在の雇用先から、「君はとりあえず、いまは必要ない」といわれる。自信を喪失する。慰めに休業手当を多めにもらう。これはありがたいから、これを捨てて、うまくいくかどうかわからない次の仕事に移ろうという意欲が削がれる。このあいだに教育投資を受ければよいが、中小企業で働いていて、自ら教育投資を戦略的にできる人はきわめて少ない。だから、何か訓練を受けるにしても、有効でないものになる可能性が高い。そして、かすかに期待していた企業の業績回復による再雇用の望みが絶たれ、休業手当の期間も切れる。こうして、人的資源が腐り、失われていく。

これは成長戦略どころか、経済にも社会にもマイナスの政策だ。失業を表面化させたほうがずっとマシである。この政策の大きな誤りは、雇用の重要性の本質に対する根本的な無理解からきている。それと同時に、企業に面倒なことをやらせる、既存の企業という箱に乗っかることで、政策実行の手間を省く、という発想も同じように致命的である。

これこそ多くの政権による経済政策の考え方の誤りであり、企業競争力を強化するという成長戦略の誤りなのだ。

楽をしてはいけない。企業という箱を強化するのではなく、中身である人を成長させることが必要だ。それでしか、経済は成長しない。

第4章

特区戦略の誤り

社会は設計できない

二〇一三年夏の参議院選挙用に安倍政権の打ち出した成長戦略の目玉の一つが特区戦略だ。安倍政権の打ち出す戦略は、金融政策以外はすべて保守的な経済政策であり、とくに成長戦略においては特筆すべきものがないことから、特区戦略が唯一、目立った成長戦略として脚光を浴びた。

特区戦略は、安倍政権に関与している政治家やブレーンのうちの改革派と目されている人びとの最後の頼みの綱である。民間エコノミストでも、反対する人はほとんどいない。問題は、ほんとうに実現するかどうか、安倍首相がこれを実行できるのか、ということだ。

しかし、特区戦略は日本経済の構造変化に逆行している。成長戦略としてもっとも望ましくない戦略の一つであり、根本的に誤った政策である。

東京などの大都市を国家戦略特区と指定し、その特区で改革を推進するこうした戦略では、立地競争力の強化、都市の国際競争力の強化などの言葉が躍っている。しかし特区戦略でこれらは実現できない。大都市特区戦略は誤りで、日本経済の進むべき方向とは逆の政策であり、これでは日本は成長できない。

なぜか。

根本的な誤りが四つある。

第一に、都市や街は生産力の基盤ではない。生活の基盤である。産業が興る前に、都市には生活が存在する。

第二に、生産力は立地条件によってつくられるのではなく、誘致された企業によってつくられるのでもない。住んでいる人びとによってつくられるのだ。したがって、都市や地域の生産力を上げるためには、企業を誘致するのではなく、住む人びとの価値を高めることが必要だ。

第三に、街や社会を設計できるという発想があるが、これは致命的な誤りだ。国家を破綻させる可能性がある。街も社会も設計できないし、コントロールもできない。街や社会は生き物であり、政府は、街や社会が育つための支援しかできないのだ。

第四に、日本の競争力の源泉が東京などの大都市にあると考えていることだ。違う。日本の魅力と力の源泉は、地方にある。そして、その地方の魅力の集積が東京の魅力なのだ。

これらの誤りを順番にみていこう。

条件のよい大学は知を生み出せるか？

まず、街とは何か。街とは、生活の基盤である。そして、生活とは働くことではない。生きることである。働くことは生きるうえで非常に重要な部分であるが、生きるために働くのであって、働くために生きるのではない。

当たり前に思えるが、ここを誤っている議論が多い。「働かざるもの食うべからず」というのは日本の価値観かもしれないし、美学かもしれないが、逆にいえば、実際そうではないから訓示として意味がある。毎日トイレに行くべし、という訓示は存在しない。

われわれは毎日トイレに行く。生活を営《いとな》むとは、まず生きることである。哲学ではなく数字にもそれは表れている。日本国内の勤労者は六〇〇〇万人。人口は一億二七〇〇万人。約半分の人しか勤労者ではない。そして、勤労することだけが働くということではない。勤労は一つのかたちにすぎない。

そして、六〇〇〇万人の勤労者でさえ、勤労する前に生活している。超過勤務がいかに多くとも、一日の三分の二を働くのが限界だ。寝ることを含め、われわれは勤労以外の時間がなければ生きていけないし、仮に仕事の時間のほうが長くとも、仕事以外の時間のほうが質的には重い。

勤労するのは、典型的には二十二歳から六十五歳。四十四年間を勤労に捧げても、人生八十年。残りの約四十年、人生の半分は勤労しない。仕事は人生のメインではないのだ。仕事だけに懸けていると退職後に困る。ワークライフバランスを普段から実践していないと、退職後に行き詰まる。ワークライフバランスとは、当たり前のことにすぎない。勤労者であると同時に生活者であり、社会や家庭で人間として生きている。それだけのことだ。

逆にいえば、社会や家庭で一人の人間として生きることを犠牲にして仕事に励むから、自分もまわりもおかしくなる。働くとは生活することが前提。それを忘れているから、わざわざワークライフバランスなどといわなければならない。

どうしても働くことがすべてだ、という人もいるだろう。それはそれでかまわない。しかし、それは全員ではない、ということが重要だ。一方で、トイレには全員が行く。生きている。生活している。勤労することがすべてだという価値観の人は、それはそれで好きにやってもらうしかない。

しかし、それを許容したとしても、やはり社会としての大前提には、生活が先にある。さまざまな価値観の人が社会に暮らし、生きているが、この人びとがともに生きるため共通の基盤、それが「社会で生活する」ということである。

勤労者である前に、生活者。この前提に立って、社会と街を考えなければならない。この大原則を無視しているのが立地戦略、競争力戦略なのだ。

安倍政権をはじめ多くの政権のブレーンや有識者が、立地戦略による競争力戦略というものを考えるとき、その念頭にあるのはシンガポールであろう。グローバル企業がアジアにビジネス拠点を置くとき、東京にするか、上海にするか、ソウルにするか、それとも、香港か、シンガポールか――。

このとき、企業にとって客観的条件、いわゆるスペックがよいのは断然、シンガポールである。税金は安いし、さらに優遇される余地もあり、場合によってはほとんど無税だ。グローバルな活動をするためのインフラは整っているし、英語が公用語だから、世界中から人材を集めようと思えば、そうできる。経済活動に対する規制は多いが、むしろそれは合理性をもっていて、ビジネスの条件を改善する。たとえば自動車の保有、流入を制限しているが、それは渋滞を解消するためのもので、コストを考えずに自動車を保有できる人びとにとってはむしろ、効率的で便利だ。

アカデミックインフラにも力を入れている。たとえばシンガポール国立大学の経済学部は、私がハーバード大学から日本に帰ってきた二〇〇一年時点では、まだまだアジアの最有力校ではなかった。しかし人集めに徹底して力を入れており、素晴らしい住居をはじめ、何もかも国（学校）が用意してくれるなど、条件は素晴らしかった。それでも当時のアジアの経済系大学でダントツにレベルの高かった香港にはまったく及ばず、当時、私のハーバードのクラスメイトや後輩たちにとっては、どれほど条件がよくとも、シンガポールに行くことは最後の手段だった。

しかしその後、イギリスから中国に返還された影響が徐々に出たこともあってか、香港は変化しはじめ、大学も財政的に厳しくなっていった。経済学者に関しては、多くの人材が香港からシンガポールに移った。香港からオーストラリアに移った人材も少なくなかった。やはり財政は重要で、この経済学者の大移動は、カネで多くのものを動かすことができることを示した事件のようにみえた。

しかしその後、シンガポールの大学が素晴らしい研究拠点になったかといえば、賛否は分かれている。実績のある人びとが数多くシンガポールに移ったが、シンガポールに移ってからの研究実績が移る以前と比べて高いといえるかどうかは、評価が分かれているのだ。

外資系エリートは東京が大好き

一方、その他多くの優秀な研究者たちは、シンガポールが客観的条件としてはダントツによいにもかかわらず、韓国のソウルや、日本の東京、大阪、京都を選んだ。あるいは母国以外を選ぶ場合、アジア・オセアニアのなかではオーストラリアが選ばれた。なぜか。

彼らがシンガポールを選ばない理由は家族である。家族が母国に帰りたがるからだ。多くの男性研究者の場合、奥さんが日本人であれば、日本に帰りたがる、あるいはオーストラリアに行きたがる。中国人の場合は微妙だが、アメリカに死に物狂いで残ろうとするか、ダメならどこでもよいから条件のよいところになる。逆に、母国に帰るという発想はあまりない。

韓国人の場合は特殊で、ほんとうは母国に帰りたいが、それを避ける可能性もある。有名大学の若手専任講師のポストを考えたとき、母国の名門大学では縦の関係が厳しすぎるからだ。上司である教授たちの雑用をとことんやらされて、研究にならない。だから母国の名門大学のポストは名誉としてほしいが、現実の研究生活をみると、帰りたくない。奥さんのほうは夫の家族との関係がなかなか難しくて、海外のほうが気楽だから、韓国に帰る時期を遅らせようとするケースが多い。

結局、母国にすぐに帰ってしまうのは日本人だけなのだ。だから日本人はダメだ、ということもできるが、日本はあまりに幸せすぎるという言い方もできるだろう。研究の刺激としてはよくないかもしれないが、長期的に考えれば、母国で家族も幸せを感じ、自らもストレスなく研究ができるなら、大学の研究環境さえよくなれば、外で揉《も》まれるということが足りないという欠点以外は理想的な状況だろう。

研究環境と外での刺激、それがなかったら研究者としてはおしまいではないか、という意見もあるだろう。しかし、それは視野が狭い。研究者は研究者である前に生活者なのである。まともな生活者でなければ、息の長い地道な研究など不可能だ。家族と支え合わなければ、よい研究も、仕事もできない。そのために、家族が幸せであることはきわめて重要だ。研究環境や刺激といったものは、大変であっても、工夫次第である程度は改善できるのである。

オーストラリアは面白い。第三国的な存在で、外国人にとって暮らしやすく、英語圏であるため、多くの異国民が定住することになる。イギリス連邦の国家は、カナダもそうだし、こうした感じの国が多い。これはこれで一つのかたちであり、意義深いといえる。国土などに比して住民が少ないということも、その背景の一つだろう。なかなか一般的に真似できるものではない。

日本人にとって日本という母国、あるいはオーストラリアのような母国ではない永住地(あるいは長期居住地)として有力な国は、環境がよく、文化が魅力的で、社会が安定していて、快適に暮らせることが重要な条件になる。研究者にとって魅力的な土地とは、じっくり思考できる環境があり、生活が豊かであることなのだ。

経済学の場合、アメリカの大学のレベルがダントツに高いため、日本でも世界的な研究ができるとはなかなかいいにくいが、ゲーム理論など一部の分野では世界レベルの研究者が揃っており、素晴らしい環境といえる。理科系の多くの分野でも、世界における相対的地位が歴史的に低下していることから東京大学などに大きな危機感があるのは事実だが、それでもやはり、高いレベルを維持しているのは事実だ。

研究者以外にとっても同じである。たとえば外資系金融会社、あるいはコンサルティング会社のエリートたちは東京が大好きだ。こうした会社の幹部は所得も高く、資産も多い。彼らはアジアで働くのであれば、東京を希望する。街がダントツに楽しいからだ。食事は世界一美味しいし、人間はとても魅力的だし、社会が落ち着いていて、豊かであり、治安も完璧で暮らしやすい。そう異口同音《いくどうおん》に答える。問題は所得税だが、その対応は人による。いずれにせよ、住むのであれば、強く東京を希望するのだ。

さらに、家族も一緒に赴任するとなると、奥さんは旦那以上に東京を強く希望する。治安や食事、人びとの気質などの理由は夫とまったく同じだが、子どもの教育に関しても、東京がもっとも選択肢が多く、素晴らしいという。シンガポールや香港は？　と思われるかもしれないが、それらの地域はブリティッシュスクールは素晴らしく、イギリス人にとっては望ましいが、フランス人やドイツ人などそれ以外の国の人びとにとっては東京のほうが自国文化に適した学校があるそうだ。

文化の豊かさ、面白さ、奥深さ、個々の人間の魅力、日本全国に広がるさまざまな地域の虜《とりこ》になる人も多い。

茶道は、欧米人が虜になる日本文化の典型例だが、私の妻は、海外の人びとと一緒にある組織で茶道を習っている。ほんとうにさまざまな欧米人がやってくるという。所得水準によるのかもしれないが、着物や茶道具など徹底的に正式のものを揃える人が多く、茶道を学ぶことへの真摯《しんし》さは、日本人たちをはるかに超えている。

シンガポールは社会ではなく組織

文化が豊かで魅力的であり、社会としても安定している日本は、多くの外国人が住みたい地域だし、そのなかでもビジネスパーソンにとって東京は魅力的である。そしてもちろん、日本人にとっては母国に住みたいと思う人が圧倒的多数派であり、母国で仕事をもつことがもっとも幸せだと感じているのだ。

日本人にも、外国人にも、魅力的な永住地（長期居住地）と思われている日本。そういう日本に住んでいるから気づかないのだろうが、これ以上、経済発展のために素晴らしい国、地域はない。そして、その素晴らしさが、そのまま生産地としての魅力、高い能力につながる。すなわち、生活地として魅力的な国、地域こそ、競争力の高い国、地域なのだ。

これを理解していないから、前述した第一と第二の誤りを犯すことになる。生産地としての能力は、社会として魅力のある地域に生活者として魅力を感じ、そうした感度の高い人びとが、自然に集まることで積み上げられる。生活する社会として豊かであることが、魅力ある人びとを引き寄せる大前提であり（第一の誤り）、同時にそれらの条件を人工的に用意しても、そのようなものができあがる、というわけではない（第二の誤り）。

立地戦略を政策提言したがる有識者たちの念頭にあるシンガポールは、社会や国というよりも、組織と呼んだほうがよい。シンガポールに住むということは、シンガポールという国家と契約を結ぶことに近い。国家が戦略的に動き、能力の高い研究者、技術者、ビジネスパーソン、金持ちを、好条件をオファーしてシンガポールに呼びつける。これによって彼らの生産能力を利用し、国家組織たるシンガポールの競争力を上げる。エリートビジネスパーソン、とりわけ金融関係者は資産も所得もきわめて高水準であるから、資産家を税制優遇で惹《ひ》きつけると同時に、彼らを呼び込むことで国内消費を拡大し、国内経済を拡大することを意図しているのだ。

一見、これは素晴らしい戦略にみえるが、実際はどうだろう。賛否は人により分かれる。国家や社会を組織と同じように運営することによって、効率的な国家・社会が実現するという考え方もある。しかし現地では、問題も大きくなっている。

シンガポールにも、当たり前だが社会が存在する。先ほど述べたように自動車の保有は厳しく制限されており、自動車を買うときには、自動車を保有して運転する権利も買わねばならない。これが十年で数百万円する。十年経ったら、また数百万円払わないといけない。この結果、普通の日本車が一〇〇〇万円近くすることになり、自動車を保有している人の割合は、全人口の一割にすぎない。

この結果、渋滞地獄の隣国マレーシアとは異なり、シンガポールでの自動車の運転は快適だ。ショッピングモールに行っても駐車場の空きを探すのに大きな苦労はしない。しかし、自動車でデートできるのは、全人口の一割なのである。

一方、マレーシアでは、お金があれば誰でも自動車はもてるが、週末にショッピングモールに行くと、駐車場の空きをみつけるのに一時間かかる。マレーシアは物価も安く、そこそこ裕福な移民を積極的に受け入れており、日本からの移住先希望地として人気ナンバーワンといわれているが、これが経済の活性化につながっている一方、持続的かどうかが危ぶまれている面もある。富裕層が社会のキャパシティを超えてしまうのではないかという懸念だ。

さて、シンガポールにも地元の社会はあり、地元で生まれ育った人も多い。人口の大半を占めるのはそうした人びとだ。彼らはシンガポール政府の移民呼び込み政策、経済拡大のための政策に強く反対している。なぜなら海外から流入してきた資産家、金融関係者などの高所得者層、その他の富裕層によって物価が押し上げられ、とくに資産価格は大幅な上昇を続けているからだ。インフレがひどい。とりわけ住宅インフレは深刻で、普通の現地生まれの人びとは、いくら貯金しても、貯金が増えるより不動産価格の上昇率のほうが高く、一生、住宅を購入できない状態に陥っている。

国家を組織と捉え、外部との契約によって人間や資本を呼び込んで、効率的な組織をつくりあげたようにみえても、社会として望ましいかたちにはならない。国は組織である前に社会であり、その社会には人びとが生活者として暮らしている以上、社会の現実を無視して組織としての国家をデザインしても、その社会も、国家も持続できないのだ。

立地戦略はすでに死んでいる

つまり、社会は生活者で成り立っているのであって、彼らがその地域の力であり、それが国家のすべての基礎になる。その基礎力を経済面において開花させるため、外部の人材、知恵は必要かもしれない。サッカー日本代表を強くするため、コーチを経験豊かな欧州からスカウトするのはよいだろう。しかし選手が全員、日本と縁もゆかりもない欧州、南米の選手を帰化させたメンバーであれば、それは日本代表チームとしての意味がない。さらに、そのようなチームは強くならない。社会という軸を失っているからだ。

日本のサッカーを愛し、日本を愛し、日本社会で生きることになったブラジル出身者が日本に帰化し、日本人として日本代表になるのは素晴らしいことだ。それは、ラモス瑠偉《るい》が日本社会の構成員となったということであり、その結果、サッカーの日本代表にもなる資格があるということだ。しかし、逆は成り立たない。

それはフェアではない、ずるいなどの問題ではない。外部の契約選手に頼っていては、チームとしての持続的成長力がないからだ。日本代表が一時的に強くなっても、それはまったく次にはつながらない。ほんとうはそんなことをしても、一時的にすら強くならないだろう。サッカーの日本代表は、選手と監督で成り立っているわけではない。社会とともに成り立っているのだ。ファンがいる。応援するファンがいなければ、チームは成り立たない。代表戦をやってもテレビの視聴率はとれないし、スポンサーも集まらないだろう。スポンサーが集まらなければカネもないし、ザッケローニも招聘《しょうへい》できないし、強化費用も出ない。

オリンピックも同じだ。縁もゆかりもない国に、オリンピックのマラソンに出やすいからといって国籍を移し、出場したところで、誰が応援するのか。日本人も応援しないし、移った国の人びともそうしないだろう。誰も応援しなければ、面白がって報道していたメディアもすぐに取り上げなくなり、何の意味もないことがすぐ明らかになる。その選手も好成績を収められないだろう。社会に支えられなければ、個人の意欲も持続しないのだ。

ビジネスも同様である。その街、その都市、その地域の生産拠点としての力は、長期に持続的でなければならない。一時的な資産税・所得税免税で誘致しても、それが切れたら出ていかれるのでは意味がない。契約でやってくる人びとや企業は、条件がよいから来るのであって、条件が悪くなれば、いや、条件が悪くならなくとも、他に条件のよいところができれば出ていってしまう。

そして、もっとも重要なことは、その社会を愛さない構成員がいくら増えても、その社会は発展しないし、安定もしない。そして、経済成長すらしなくなるのだ。

これが立地問題の本質だ。理論的に考えると、立地競争には終わりがない。全員が負ける。なぜなら、すべての都市が企業や優秀な人材を誘致しようとして、最高の条件を用意する。すると、すべての都市が最高の条件をオファーして差がなくなり、条件自体は企業や人びとを誘致する力をもたなくなる。その結果、優遇条件を与えたすべての都市は損をし、誘致された企業は得をする。これは経済学において、企業や人の誘致だけでなく、幅広い事象に関して理論上は成り立つことがわかっている。獲得競争をすると、競争している側が必ずすべての利益を相手側(ここでは誘致しようとしている対象の側)に譲ることになるのだ。

われわれの議論の文脈でいうと、税の競争と呼ばれているものである。法人税の引き下げ合戦をすると、最後は、すべての国の法人税はゼロになってしまう。消費税も同様だ。これを防止するために、EU（欧州連合）では税の競争を制限することが求められている。タックスヘイブンも同じだし、日本国内でも、工場を各地方都市が地元に誘致するための固定資産税の安売り競争をしている。理論的には、立地競争をめざす立地戦略は必ず破綻する。

地域を愛さずして企業価値なし

現実には、立地戦略は、理論的問題点以上に大きな欠陥がある。

それは、契約条件がよいという理由だけで移動してくる企業や人は、その地域に価値をもたらさないということだ。地域を愛していない人や企業、地域社会に根ざしていない人や企業は、その地域に定着しないだけでなく、地域に存在しても、地域社会に価値をもたらさないばかりか、地域社会を破壊する可能性がある。

なぜなら、契約は生産にかかわるものだけだが、地域に存在するということは、「生産すること」だけではないからだ。

地域に存在すれば、その企業は人を雇う。現地の人も雇い、外からも人を連れてくる。この人びとも企業も、その地域社会に否応なく組み込まれる。これは当然だが、契約の際には、生産するだけのマシーンとして企業や人材を捉え、生産活動に付随して付加価値を自動的に落としてくれ、雇用を自動的にばらまいてくれる存在と考える。誘致する側も、誘致される側も、契約条件さえよければ問題ないと思い、社会的な影響の大きさに気づかない。

地域社会に組み込まれれば、生産活動以外の活動も行なう。企業市民などという上っ面だけの言葉ではなく、地域社会に埋没せざるをえないのだ。

沖縄で米軍の兵士たちと地元の人びととのあいだで問題が起こる。悪い行為を行なう奴らが悪いわけであり、それがすべてなのだが、一方で、もともとの信頼関係がないことと、彼らが沖縄という社会に埋没するつもりがないという背景も大きい。そこはどうやってもぬぐえない。ただ沖縄の例は特殊事情も大きく、議論が難しいので、別の例として、国会議員を考えてみよう。

私の何人かの友人は国会議員になっている。彼らは週末は選挙区に帰り、平日は永田町で国会活動を行ない、三百六十五日、精力的に仕事をしている。彼らの悩みは選挙だ。政策、国会活動は、大変だがやりがいもある。努力して勉強すれば、それに応じて自分の力も蓄えられ、実際の政策にも少しは反映させられる。そこには充足感がある。

一方、選挙活動はわからない。週末は、選挙区に戻って頑張って活動しているが、努力はどの方向にするべきなのか、結局どうすればよいのか。捉えどころがない。困り果てながら、それでも全力で頑張っている。

彼らは東京などの大都市を選挙区としていない。いわゆる地方だ。地方での選挙活動の決め手はいろいろあるが、政策立案能力、議論の能力、あるいは専門的能力、知識、見識、これらはほとんど関係ない。それよりも、その人間の人望や人気によるところが大きい。だから、精進するしかない。しかし、さらに難しいのは、精進しても、それだけではどうにもならないところがあることだ。それは地元出身かどうかということである。

地元出身だから、とりわけ地元に貢献しているとも限らない。地元で生まれても、小学校から東京という例もある。地元出身でない、いわゆる落下傘候補、党や選挙区の都合で割り当てられた選挙区で一生頑張ることを決意した政治家は、涙ぐましい努力を地元に捧げ、地元に密着することを何よりも優先させる。地元出身でないだけに、地元出身候補の何倍も、地元に密着する。そして、地元出身でないことをカバーしようと頑張る。

その結果、このような候補のほうが、政策的には地元に貢献している場合が多い。能力も見識も高く、人物も優れていることが多いのだ。しかし、能力も努力もインセンティブも地元出身候補よりも優れているのに、やはり、選挙では地元出身者に負ける。なぜか。

どうやっても、人気がいまいち出ないのだ。どうしてだろうか。

地域社会とは契約関係ではなく有機体

地元で生まれ育つと、その地域のかたちにならないさまざまなものが、彼の体内に浸透していく。幼いころからの友だち、同級生、親戚、その他のネットワーク。もちろんそれらは大きい。しかしそれ以上に文章や論理では説明できないもの、それらが地元出身者の彼らの体内に染み込み、醸成され、昇華し、体臭となって溢れ出る。それが有権者を惹きつける。

同時に、受け止める側、有権者の側の信頼もある。地元出身者ということで、彼（候補者、議員）を疑いなく受け入れている。信頼できる人間、仲間というような形式的な言葉ではなく、もっと柔らかい空気のように、水のように、心から受け入れているのだ。それは幻想かもしれないが、共同体、家族の一員として、一体感をもって受け止められている。

一方、逆にこのように疑いなく信頼されてしまうと、彼（議員）としても、裏切れなくなってしまう。だから実際に裏切らない。そうなると疑いなく、根拠なく信頼した地元有権者の信頼は正しかったことになる。期待の自己実現が起こる。地元有権者も、議員も地元を愛しているから、同じものを愛しているということを通じ、互いを愛し合っているという錯覚に陥る。その錯覚の愛が、結果として、それに気づかないまま真の愛になり、お互いが共同体として一体化する。郷土愛といってもよいが、これこそ真の愛である。これが日本社会だ。

この地域社会の共同体性、有機性、有機的な郷土愛。これは理屈や理論では説明できない。したがって、地域社会を契約で捉えることなど不可能であるどころか、その発想自体が根本的に誤っている。

信頼関係は契約できない。むしろ逆かもしれない。学問的には、社会においては契約できない部分を信頼で補っているという考え方があるからだ。いや、補うという次元ではない。信頼こそすべてであり、契約など表面的な一部分にすぎない、という考え方もあるだろう。いずれにせよ社会において、信頼がもっとも重要であることは、誰もが認めている。

世の中は何が起こるかわからない。さまざまに予期せぬことが発生するのだ。生産関係というビジネスだけの関係なら、想定外のことであっても、事前の契約の条項で処理することができるかもしれない。しかし社会において関係をもつ、あるいはその社会に存在するということは、存在そのものどうしが、有機的で全面的な関係をもつということだ。その関係を支えるのが、信頼である。信頼がすべてなのだ。

しかし、同時に、もっとも危ういものも信頼だ。信頼はつねに変化する。変化したとき、それがその先どうなるか。信頼という感情が変化し、この変化が変化を呼ぶ。有機的につながっているから相手の信頼感も変化し、相互作用で膨張し、その変化はマクロ的な変化になり、社会に広がっていく。信頼の変化が価値観に関する不信につながり、もとに戻らなくなる可能性もある。一方、信頼が一時的には大きく低下しても、じっくり回復することもある。それが有機的であるということだ。

こうした有機的な回復の望みは、地域社会に有機的かつ全面的に埋め込まれている地元出身者どうし、彼らが埋め込まれた有機体である地域共同体であれば、その可能性がある。回復が単線的でなく、複線的、ネットワーク的であり、さまざまなルートで、次元で、機会で徐々に進む。信頼関係がおかしくなった相手に自分の話は聞いてもらえなくとも、誰かが話を少しずつ染み込ませてくれる。話をしてくれる。信頼が揺らいだ人は、自分を信頼しなくなった彼を他の人たちがまだ信頼しつづけているのをみて、自分の考えを改める。感情の昂《たかぶ》りが収まったころ、自然と彼のことを他の人が話しているのが耳に入る。このときに誤解が解ける可能性もある。

逆に、それだけの共同体だから、一度でもほんとうに裏切ったら、反動は大きい。すべての信頼を永久に失う。だからこそ、相手も裏切る理由がない。裏切る可能性は低い。そうなると裏切ったようにみえたが、彼は裏切ろうとしたわけではないのではないか、という信頼がかすかに残る可能性が出てくる。それを足がかりに信頼が徐々に回復する可能性がある。よそ者の裏切りなら仕方ないと諦めるが、その時点で思考は止まる。裏切ったという認識、レッテルは変化の余地がなく、そこですべてが終わるのだ。

しがらみこそ信頼の基礎

議員と有権者の関係も当然同じだ。地元出身議員は勝手に信頼されてしまうと裏切れなくなる。地域の人びとと社会の思いを背負っていることを実感せざるをえない。だから結局、裏切らない。これはしがらみだが、しがらみは社会に必須である。しがらみのない政治、そんなものは政治ではない。しがらみこそ政治なのだ。

しがらみから人びとは逃れられない。だからこそ、しがらみがある人間を信頼できるのだ。しがらみのない、どこの馬の骨ともわからない、外からやってきた有識者を信頼する理由はない。しがらみのない彼は、何でもできる。だから、いつでも裏切ることができるし、実際に裏切るだろう。

しがらみを断ち切るとは、裏切りである。既得権益の打破を長期政権を維持してまた与党が行なえば、それは裏切りそのものだ。既得権益者とは、いままでの仲間だ。

しがらみとは契約に落とし込めない契約関係といってもよい。ゲーム理論と呼ばれる経済理論の枠組みでは、長期に繰り返し出会いつづけるプレーヤーどうしのあいだには、自然と信頼関係の生まれる可能性がある。そして、相手が裏切ったとき初めて裏切るという戦略をとるようになる。さらに信頼が高まると、一度の裏切りはミスではないかと思い、もう少し様子をみる。裏切りが続かないようなら、信頼を維持する。

さらに、過去のことはある程度忘れることが合理的、お互いのためになる可能性も出てくる。一度間違って裏切った過去はお互いに忘れる。そうすると信頼が回復する可能性が出てくる。社会の共同体的信頼とは、それに近いものかもしれない。

したがって、しがらみを否定し、地域社会の有機性、共同体的な性格を非効率と否定するような議論は誤りなのだ。契約により、組織、都市、国家を効率化し、発展、繁栄させようという考え方は間違っている。そうした契約的な戦略は持続性がなく、長期的にけっして成功しない。社会というものに合わない考え方なのだ。

だから、立地戦略は間違っている。

優秀な人材をスカウトしてはいけない

ここで、本章の冒頭で述べた第二と第三の誤りが明らかになっただろう。地元に根づいた人びと、社会に埋め込まれた人びと。その人びととその社会でやっていく以外、その都市、その地域に選択肢はなく、それが唯一、長期に持続可能な都市や地域の姿なのである。したがって、外部資源に依存する立地戦略、成長戦略はありえない。

地域を発展させる戦略があるとすれば、地域社会に密着した人びとを育てていくしかない。これが唯一の道だ。長期的に持続可能であり、かつ成功したときには、もっとも高い成長が実現できる。そして、この長期的な発展は、経済成長だけを求めるのではなく、社会と有機的に一体となってその社会をよくしようと努力しつづける結果としてもたらされる。

この長期の戦いに参加するためには、選挙に立候補する地元出身でない候補者と同じように、地元社会と有機的に一体化し、心中する覚悟をもつことが必要だ。都市や地域の発展のために外部の人材を登用してもよいが、その人材が、こうした覚悟をもってやってくるかどうかが重要である。だから、よい条件で呼びつけてはダメなのだ。条件がよいから来る奴らに、これはできない。条件がよいとか悪いとかではなく、その地域が大好きで、その社会を愛している人間や企業でなければならない。

もう一度まとめてみよう。

都市や地域の経済発展のため、ビジネスエリートを海外からスカウトして集めるような政策は逆効果である。街は産業基地である前に社会の基盤。社会そのものである。したがって、産業の都合で住民構成を変更するのは誤りだ。あくまで、その社会にふさわしい人びとが集まってできたのが街であり、都市であり、地域である。結果として、その街や、都市や、地域が産業基地としても競争力をもつ可能性はあるが、それは素晴らしい社会が先に成立することが前提であり、競争力のために街や地域があるわけではない。

魅力ある社会が魅力ある街として成立し、その街に惹かれて世界から人が集まり、社会に参加することになれば、世界中の人びとが、その街、都市、地域における産業基盤の戦力となりうるのである。

デザインできないものをデザインする

第三の点も補足しておこう。

システムデザインという言葉がここ数年、流行っている。システムデザインは大事だというのは疑いようのない事実であり、しかもそれがこれまで日本で軽視されていたのは大きな問題であった。

この流れを受けて、社会システムデザインという言葉も流行している。ただ、不用意にこの言葉を使う人が増え、へたに流行ってしまって、われわれは大きな誤りを犯す可能性を高めている。

社会システムデザインについては、私がもっとも尊敬する一人である元マッキンゼーの横山禎徳《よしのり》氏に無断で語ってはいけないと思っているが、彼に内緒で、ここでは議論してみよう（社会システムデザインについて深く理解したい方は、彼の数々の著作を参考にしてもらいたい。ちなみに彼と私の考え方は異なっている可能性がある）。

社会システムデザインの本質は、社会システムはデザインできない、ということである。それなら社会システムデザインということ自体、意味がなくなってしまうではないか、矛盾ではないか、という批判を受けそうである。そうなのだ。社会システムデザインは矛盾している。そこが問題なのだ。

デザインできないものをデザインする。それが社会システムデザインだ。どういうことか。デザインというとわかりにくいかもしれないが、日本語でいえば設計だ。設計図を描くこと、それがデザインするということである。ちなみに日本では建築家という言葉が使われ、大学院も工学部建築学科だが、アメリカでは建築家はデザイナー、建築専門の大学院はデザインスクールと呼ばれている。だからデザインとは設計なのだが、ここでいうデザインは狭い意味での設計図を描くというよりも、社会の設計図を描く、と比喩《ひゆ》的に使われるものをそのままイメージしたほうがよい。

一般的な社会システムデザインのイメージは、以下のようなものだろう。

社会システムデザインとは、壮大なるデザインだ。まず、社会に対するヴィジョンをもたなくてはいけないし、社会としてめざすゴールも確立していなければならない。細部も入念に設計する必要がある。多くの、しかも多様な人びとを抱え込む社会をデザインするには、その個々の人びとがどのように行動するか、そして、彼らの行動が社会を動かすことを考慮に入れる必要がある。全体像を設定しながら、細部も設計しなければならないとなれば、その整合性が重要となる。

整合性を保ちつつ、全体像のゴールを達成するには、細部は入念にコントロールしないといけない。こうして細部に気を配りながら、個々の構成員の行動をきちんとコントロールして、全体の絵からズレないようにし、理想的な全体像を達成する。これをシステムとしてコントロールする。そのシステムコントロールを社会に応用する。これが社会システムデザインだ。

しかし、これは最悪だ。社会システムデザインと称して、このようなことをするのが、最悪の政策だ。街を殺し、社会を殺すことになる、もっとも危険な政策なのである。

なぜか。

社会は生きているからである。

社会は生きている。一人ひとりが生きている。だから、その集まりの社会も生きている。いや、生きている個人の集まりだから、一〇〇万人の社会ならば、一〇〇万の一〇〇万乗くらい生きている。なぜなら生きている一人の意向、感情、気分、気まぐれによって、まわりの人間の行動が影響を受けるからだ。一人の行動変化により、他の人にとっての環境が変化するから、彼らの行動も変化する。彼らの行動変化は、別の人びとの行動を変化させる。この連鎖は永遠に続く。だから、一人の気まぐれは大きな波紋を社会全体にもたらす。だから、社会は一〇〇兆倍以上生きている。

日本的自然観の未来性

このようなとき、社会の進んでいく方向の舵《かじ》取りをするにはどうしたらよいか。

一つの考え方は、徹底的にコントロールすることだ。一人でも予定から外れた動きをすれば、全体の均衡《きんこう》が崩れる。だから一糸乱れぬように、一人ひとりの行動をすべてコントロールする。完全に事前に決定していなくとも、事前に制約をはめて、行動範囲を限定する。こうして何とか秩序を維持し、全体をコントロールするのだ。

これには違和感がある。これでは完全な統制社会だ。ただ、部分的に実現したことはある。社会主義諸国がそうだし、日本の戦前の統制経済もそうだ。戦後の傾斜配分政策も一歩間違えば、こうなっていただろう。しかし、やはり違和感はある。われわれはなぜ、こうしたシステムに違和感を抱くのか。

それは、こうしたシステムがうまくいかないことを知っているからである。戦前の統制社会は敗戦もしたが、経済としても破綻した。その歪《ひず》みは甚大なものだった。ソ連・東欧の社会主義経済も、一九八九年に崩壊するのをわれわれは目《ま》の当たりにした。歴史的経験がそれを物語っている。しかし、それと同時に直感的にもノーだ。人間の行動を縛りつけようというのは、目的が真っ当だとしても、何かおかしいという直感が働く。

同時に、社会をコントロールできるという発想も受け入れがたい。自然がわれわれを支配しているのであり、われわれ人間が自然を克服しているのではない。いや、自然が支配しているというよりも、自然は厳然と、ただ存在している。それを動かそう、変えようというのは、冒瀆《ぼうとく》であると同時にまったく意味がなく、その発想をすることすらありえない。自然のなかで人間は生きており、社会は自然環境という制約条件のもと、営まれている。社会も人間も、自然とともに、自然のなかで生かされているのだ。

庭園に関しても似たような感覚がある。欧米の庭園は細部にわたるまで、人工的に徹底的に刈り込み、デザインされ、庭園の設計者の思いどおりに完全にコントロールされたかたちで木々などを構成する。完全な造形美だ。一方、日本では、それではわびさびがまったくないと考える。味わいもないし、粋《いき》でもない。自然の姿を生かした美しさを愛《め》でるのが日本流の美学なのだ。

社会を考えるときには、庭園でいう日本的な発想のほうがうまくいくことが多いのではないか。社会がどうなるかは、わからない。枠にはめ込んでは面白くない。育たない。伸びやかさがない。木々が太陽を求め、個々の意思で伸びていくように、その伸びを生かしつつ、全体像をイメージする。しかし、設計者が想定していたそのイメージを超えるような自然の伸びやかさが、年月を経て生まれてくる。社会とは自然そのもので、人間は木々に近いのではないか。

この日本的な自然観は欧米とは異なるものであるが、少なくとも日本では、社会に対しても自然に対するのと同じような感覚がある。社会をコントロールしようという発想自体をわれわれは受け入れない。日本人にはリーダーシップがない、という自虐的な批判が日本人自身でなされるが、これも絶対的な権力に対する本能的な拒否、個人という具体的な人間が社会を支配することへの拒否、という日本的な感覚の結果であり、独裁的なリーダーを防止する本能からきているとも考えられる。

この感覚は非常に日本的ともいえるが、むしろ現代世界にふさわしい考え方ではないか。

未来はこの日本的な考え方にある。現代社会は不透明である。何が起こるかわからない。変化も速く、激しい。こうしたなかで将来を完全に予測しよう、思いどおりにコントロールしようということは不可能であるだけではなく、誤った考え方ではないか。むしろ、何が起きてもよい。自分の運命がどうなるかわからないが、それを愉《たの》しもう。そこで何が起きてもいいように、柔軟で、自由で、基礎がしっかりして、軸がぶれない自分をつくりあげていこう。こうした姿勢が、個人にも、社会にも必要なのではないか。

そして、そこでは日本的な自然に生かされている、自然とともに社会や個人もある、という感覚が力を発揮するのではないか。

そんな素晴らしい日本が、立地戦略などを発想するのは残念だ。日本人のスケールダウンであり、堕落であり、矮小《わいしょう》化である。社会や国家を設計し、コントロールしようなどという矮小な考えは直ちに捨て去るべきだ。当然、特区戦略も葬り去るべきである。

第5章

地方が生み出す東京

東京の女の子は一人暮らし、大阪はみな自宅

安倍政権の成長戦略においては、特区戦略が目立っている。これが目玉であり、他の政策は小粒といわれている。この特区こそ規制緩和を進め、成長をもたらす鍵である。とくに改革派の有識者にはそう思われているようだ。

しかし、この「国家戦略特区」という考え方こそ根本的な誤りを犯している。理論的な誤りについては前章で述べた。本章では、特区戦略を主唱する人びとがもっとも強調する点、地方の活性化ではなく、東京など都市部のさらなる発展をめざすというポイントもまた、抜本的に誤っていることを議論する。

大都市の効率性をさらに高め、さまざまな優遇措置を設け、規制緩和の実験場とし、これらによって国内外の企業を大都市に集中させ、大都市をさらに発展させ、日本経済を牽引《けんいん》させ、経済成長を実現するという戦略のどこが間違いか。

すべてだ。

とりわけ、大都市こそ経済成長の鍵だ、という考えは誤っており、致命的である。

日本経済は、東京があるから成長しているのではない。東京以外があるから日本は成長する可能性がある。日本の真の強さとその源泉をまったく誤解したまま、「国家戦略特区」という成長戦略が立てられている。それでは、日本が終わってしまう。

都市の生産基盤としての魅力の源泉については、前章で述べた。その地域が文化、歴史、社会として魅力的だからこそ、その都市も発展する。そこに暮らすローカルな人びとが魅力的だからこそ、この発展は支えられている。人びとが魅力的に育つためには、都市や街が社会の場として、生活の場として、魅力的でなければならない。生きることが先にあり、生活が先にある。その結果、経済が豊かになり、人材も豊富になり、生産基地としても、人材の魅力からその都市が魅力的であり、競争力をもつ。

外から人が集まるのは、ローカルな人びとと社会が、その地域独自の魅力をもっているからだ。それは歴史であり、文化である。一方、計画的につくられ、契約関係により設立された組織では、都市や地域としての魅力がまったくなくなる。企業などの組織は、社会という有機体が集合してできた基盤の上に成り立つのだ。

さて、そうなると、東京の真の魅力とは何だろうか。

二十年近く前の話になるが、私がある組織の採用の手伝いをしていたとき、京都から東京に面接に来た学生がこういった。

「東京は最高です！」

なぜか、と聞くと、その甘い顔の男はいった。

「女の子はかわいいいし、口説きやすいっす！」

まあそいつはカッコイイし、話も面白いから、モテるだろうと思って、

「それは、京都でも大阪でも、一緒じゃないの？」

と聞いた。するとその男は、

「小幡さん、ちゃいますねん。東京の子はみんな一人暮らしやろ。大阪の子はみんな終電で自宅帰りますねん」

と嬉しそうに答えた。

二十年前だから関西弁の語尾の記憶は定かではないが、彼の述べた事実に私は衝撃を覚えた。東京の女の子は一人暮らし、大阪はみな自宅。この当たり前のような事実の発見によって、私の人生観は変わった。それを彼にいわれるまで気づかなかったことで、自己嫌悪となった。そして、彼を尊敬した。

私は千葉出身で、千葉と東京しか知らなかったから、ほかの都市のことがわかっていなかったのだ。そして、まったくこの事実に気づかなかったのは、私がそれまでの人生で好きになった女の子は、千葉と東京と埼玉出身だけだったからだ。

「俺は世界どころか、日本を知らなさすぎる」

アメリカ留学から帰国直後だった私は、留学中のクラスメイトの出身国をすべて訪れるには、世界はあまりに広く、知らない国が多いことに、自らの小ささを感じていた。しかし自分はそれ以下だった。足下の日本においても、住んでいた東京の特質すら気づかなかったことに打ちのめされ、その後、落ち込んだ日々をすごした。

ここには東京の特質が現れている。東京の人びとは東京の人ではない。これが本質だ。東京は都会ではなく、東京こそ田舎者の集まりという悪口はよく聞くが、この事実はみかけよりも重い。東京以外の出身者が東京に集まり、東京で東京人として振る舞う。彼らは表面的には東京人であるし、普段は標準語を話すが、一皮向けば、出身地の人格が溢れ出す。育った環境と地域を体現した人間が現れる。これが面白い。

そして、東京の人びとという集合体でみたとき、東京の面白さは倍増する。東京といういまの環境を共有している共通性と同時に、それぞれがまったく異なった地域で育ったという多様性が共存しているのだ。

東京で暮らす人びとは、表面的な共通性とその背後にある多様性を同時に成立させ、社会を形成している。さらに、ここにローカルとしての東京、東京生まれの東京育ち、両親も東京生まれの東京育ちという江戸っ子が加わる。この共通性と多様性の同時存在による複雑性。これが東京を面白くしているのだ。

しかも、この共通性と多様性の同時存在は二重構造になっている。東京全体がマクロとして共通性と多様性の同時存在を包含しており、個々の一人ひとりのなかに、ミクロの共通性と多様性がある。誰もが部分的には、大都市東京で生活することによる現代東京的な人格をもち、残りの部分では、出身地の人格をそのまま内包している。彼は大都市のビジネスパーソンであり、同時に出身地で育んだ人格があり、その二つが融合して新しい人格となりつつ、この二面性の二重構造を維持している。

つまりは個人の内面というミクロと社会全体というマクロで、二重に共通性と多様性が同時に成立する構造となっている。これこそが東京であり、東京の人びとであり、社会なのである。だから東京は面白く、魅力的なのだ。

「日本人は同質的」ではない

さて、東京という都市の生産基地としての魅力はどこにあるのだろうか。企業が本社を構えるとき、東京は魅力的な候補地なのだろうか。

本社をどこにするかを決定する要素として、重要なことは二つである。

一つは消費者だ。つまり、優れた消費者がその都市に居住しているかどうかである。顧客である消費者と密度の高いコミュニケーションがとれるかどうか。そのような都市であるか。消費立地であり、文化や社会を顧客と企業で共有するのが理想だ。多くの成功した企業は消費立地の戦略をとってきた。

もう一つはアイデアだ。すなわち、モノやサービスを生み出す場として、それらを生み出すときのアイデアが溢れてくる「場」であるかということである。このアイデアを生み出す場としての力は、職場環境とは違う。それだけでなく、いやそれ以上に、生活の場としての力が重要である。

すなわち、仕事を離れたときの日常生活としての場、この環境がアイデアを溢れさせることになる。生活の場として望ましい環境であることが、つまり、質の高い豊かな生活が、仕事のうえでアイデアの創発に大きなプラスをもたらす。

この点で東京は素晴らしい。暮らしやすく、安心できる社会であり、食事も美味しいし、大都市にもかかわらず、自然も多く残っている。そして四季の変化があり、日々の生活が安定しつつ、変化に富む。赤道に近く、亜熱帯となっている地域の都市よりも圧倒的にすごしやすい。

同時に、刺激にも溢れている。世界中から人びとが集まることによる民族の多様性という点ではロンドンやニューヨークに負けるが、日本国内から人びとが集まっているという多様性が素晴らしい。この多様性はグローバルな多様性とは異なり、ミクロの、あるいは日本という一つの枠組みのなかで、つまり全体としてまとまったなかでの多様性という意味で面白く、奥深い。

この日本国内の多様性の上に、近年では世界的な多様性も加わってきた。世界的にも日本文化や日本のライフスタイルはますます注目を集め、ファンも増えており、ロンドンやニューヨークには及ばないまでも、世界中から集まる人びとの数は急増している。さらに東京には、質的な多様性が存在する。つまり、人びとの内面の多様性である。

これらの三重の意味での多様性、しかも、共通性の土台の上に成り立つ効率的な多様性が、企業が生産基地としての立地を決めるときの、東京の最大の魅力となる。

よく日本人は同質的だといわれるし、日本人自身もそう語るが、じつは完全な誤りである。日本人は表面的には協調性があり、違いを目立たなくしているが、中身をよくみれば、個々の人間はまったく異なっている。これほど多様な個性を各人がもっている社会があるだろうか。

すなわち育った場所によって、違いが大きく出てくる。人びとは出身地によって、まったく違った性格、キャラクターをもつ。日本人自身、都道府県ごとの違いの話が大好きだ。テレビ番組でも、都道府県ごとの人びとのキャラクターの違いを面白おかしく紹介するものが人気である。正確にいうと、都道府県ではなく江戸時代の藩ごとに、人びとのキャラクターは異なっている。四百年の歴史を背負った多様性なのだ。

その歴史が各地域の個性を育んできた。この個性は人びとに受け継がれ、政治制度が大きく変わっても、明治維新、昭和の敗戦を経ても、いまだに地域や人びとのなかに強く残りつづけ、受け継がれている。それが現在の多様性を生み出している。これは面白すぎる。奥深すぎる。

これらの人びとが東京に集まり、共通の環境で生きている。これこそが東京の競争力の源泉だ。そして、こうした東京が存在し、それが日本の首都であり、最大の都市であることが日本の真の魅力なのである。

日本では、人びとが共通の価値観をもち、まとまりがある。その一方、さまざまな環境で育った人びとがいる。各地方はあまりに多様で、それぞれにそれぞれの社会があり、産業がある。

異なった社会で育った人びとが集まる東京は、日本人ばかりで外国人が少ないから多様性に欠けるという第一印象に反し、多様性に溢れている。この多様性に富むことが、さまざまなアイデアを東京に溢れさせる。

こうなると、価値観を共通にもつことは素晴らしい力となる。協調が図りやすく、それでいながら発想の多様性もある。これは理想的な構造だ。アイデアが生まれやすく、同時にそのアイデアを人びとが受け入れやすい。生まれたアイデアをかたちにし、実現し、ビジネスにするプロセスにおいて、価値観を共通にもつことは非常に効果的である。人びとが多様性を維持したまま、共通の価値観をもって一つの組織でまとまって働く。これが日本の組織の強さだ。

佐賀は「すごい田舎」ではなかった

私は、日本国内各地へ講演に出かけることが多いが、そのたびに訪れたことのない県や市、地域があまりにあることにあらためて気づかされる。そして、各地域独特の感覚は無限に面白く、衝撃を受ける。講演においても、どのようなトピック、どのような切り口が強い関心を引くか、地域によってほんとうに違う。

たとえば、私は、はなわというタレントの歌のせいで、佐賀に対して「すごい田舎」という偏見をもっていたのだが、実際に講演で佐賀を訪れてみるとまったく違っていた。講演後は、佐賀は日本でもっとも優秀な人材を生み出す地域ではないかとさえ思った。それほど魅力のある地域であり、人びとであったのだ。たとえば佐賀市と唐津市では、同じ佐賀県でも人びとの性格はまったく異なり、行動も違えば、もちろん料理も違っていた。お土産のお菓子も異なるし、有田焼も唐津焼も有名だが、陶器や磁器についても、二つの地域は大きく異なっていたのである。

この二つの地域は、もちろん藩が違う。佐賀市は佐賀城が素晴らしかったが、佐賀藩、あるいは鍋島藩だ。人びとは教育熱心、勉強熱心。鍋島氏の伝統だろう。隣接する小城《おぎ》市は佐賀藩の支藩の一つである小城藩で、小城羊羹《ようかん》が美味しかった。唐津はもちろん唐津藩で、海沿いであり、人びとの顔つきも彫りが深く、目が大きい。非常に魅力的な人びとで、宿泊した洋々閣という宿は素晴らしかった。大正元年に改築されたその建物の宿は、すべてが本物の日本というのにふさわしい。それでいて、他のどこの宿とも違う個性があった。

そして欧米人の宿泊客も多かった。彼らが継続的に訪れることが、日本の伝統を世界中の誰もが味わうことのできる場をつくりだしていた。中里隆という気鋭の独特の陶芸家をこの宿は支援しており、芸術を生み出すことにも貢献していた。感動したわれわれは、彼の窯元《かまもと》を宿の主、大河内氏に案内してもらった。私はいまも毎朝、彼の器でお茶を飲んでいる。

宮崎に行ったときにも衝撃を受けた。宮崎は、太陽の光溢れる自然豊かなところで、これは予想どおりだったが、講演で政治の話をすると、まったくウケなかった。地方、とりわけ農業が盛んである地域に行ったときには経済よりも政治の話、というのがセオリーなのだが、宮崎では、政治に誰も関心がなかったのである。地元の新聞記者の方に聞いてみると、生活するうえで作物、食材に恵まれているので、政治に関心があまりないというのが伝統ということだった。これがかえってユニークな知事を生み出したのかもしれない。隣の鹿児島は、土地が肥沃《ひよく》ではなく、すべてにおいて宮崎よりも恵まれていなかったため、政治に関心が強くなったのかもしれない。

一方、日本的な携帯電話、いわゆるガラケー（ガラパゴスケータイ）と、世界中で流行っているスマートフォンの製品としてのつくり方、設計の考え方の違いという話をすると、これがウケた。日本のメーカーがつくるスマートフォンは、みかけはスマートフォンだが中身はガラケーという話は、宮崎の人びとを惹きつけた。これはもう数年前の話題であって、その当時、こうしたネタに宮崎の重鎮の経営者たちが乗ってきたのが、私には驚きだった。

そして宮崎でも、日南と高鍋ではまったく反応が異なった。高鍋藩は伝統的に教育熱心なところで、現在もその名残《なごり》がある。前述の佐賀藩も同様で、海の影響の大きい唐津藩とは大きく異なっていたが、いずれも、海の男たちはいわばギャンブラーだから、陸《おか》の男たちと合わない。しかし、それぞれが、それぞれのよさをもっている。

秋田城で部活をする女子中学生

一方、北ももちろん面白かった。東北に行ったときは、まず、秋田のレベルの高さに驚かされた。人口減少、高齢化、若者の流出という点で日本一であり、最悪の県にもみえるが、中身はそうではなかったのだ。教育熱心で学力は全国でもトップレベル。講演に集まっていただいた地元の企業の経営者の方々は優しく、かつ議論は鋭かった。

お土産に買ったお菓子である金萬《きんまん》も、生で食べられる地元のものはびっくりするほど美味しいし、当然酒も、その他の食べ物もレベルが高かった。やはり久保田藩（秋田藩）の佐竹氏の統治が素晴らしかったということだろうか。秋田駅前の秋田城は素晴らしく、その城内で、中学生が部活の走り込みをしているのが印象的だった。

そして秋田は広い。二つの都市で講演をしたのだが、大館と湯沢という南北に大きく離れた二都市であり、同じ県ということにどれだけの意味があるだろうかと思うほどだった。大館は東京から行くのは大変だが素晴らしいところで、妻には曲げわっぱの弁当箱をもらった。一方、南の（といっても秋田のなかでの）湯沢はまったく別であり、隣接する壇蜜《だんみつ》の出身地である横手地域も素晴らしかった。別の機会に訪れた妻の親友の実家である増田町の蔵には圧倒された。彼女は実際に蔵祭りのポスターにもなっている蔵のなかで暮らしていて、われわれも少し、その暮らしを味わった。

横手周辺のなかでも、それぞれの市や町によって違いがあり、それぞれに魅力がある。近くの西馬音内《にしもない》の盆踊りは世界的に有名で、みているものに畏怖《いふ》の念を起こさせる凄みがある。世界中から来訪者があり、ユーチューブでもその凄みは垣間《かいま》みられる。

青森はほかの東北地方の県とは一線を画しており、あそこは東北ではない、といってもよいかもしれない。津軽は、モダンでみえっぱりな太宰治そのものといってよい部分があり、コーヒーや昔の洋館など大正時代からのモダンさにおいて、飛び抜けている。顔立ちもロシアやその他の影響があるのか、エキゾチックで彫りが深く、男前だ。観光地も土産物も洗練されており、魅力的で、意外と商売上手だった。太宰治の斜陽館などへ向かう津軽鉄道は、ストーブ列車や切符の工夫など、かなり魅力的な商品になっていた。よくある子どもだましの観光グッズを超えた味があった。弘前《ひろさき》のレベルの高さは、やはり城にも現れていた。弘前城が魅力的なのは、その地域の伝統と知恵の深さからきているのではと感じた。

ところで、佐賀も秋田もそうだが、素晴らしい城が残されているところは、町も素晴らしい。その町の伝統のよさを人びとが理解し、残し、育てていることが、城への愛、城の維持にカネも人手もかけることにつながっていて、そして、これは江戸時代の藩主と町の人びととの関係からきているのではないか。城が維持されているという事実は、当時からの藩主への人びとの愛の証《あかし》であり、それが郷土愛にもつながっている。逆にいえば、江戸時代の藩主の素晴らしさが統治のよさとなり、人びとや町や文化にも体現されていったのではないか。

こうした魅力的な地域で育った若者たちが東京に集まる。秋田城内を部活で走っていた女子が、東京で女優になる。津軽鉄道に乗っていた五所川原農林高校、通称五農の学生たちが相撲取りになって両国を歩いたり、東京でタレントになったりするわけだ。

彼らは、出身地ごとにキャラクターも、発想も違う。テレビタレントになったら、その違いは価値のあるものになるし、普通の企業に入っても、それはまったく同じだ。日本中それぞれ違う環境で育ち、違う行動原理、違う発想をもった人びとが、一つのチームとして企業で働けば、そこからさまざまなアイデアも生まれるだろう。

もし、東京の人びとの全員が東京出身だったらどうなるだろうか。東京で生まれ育った若者たち、その両親も東京生まれ、東京育ちだったらどうなるか。東京は非常に洗練された街になるかもしれない。横浜や神戸に近づくかもしれない。それはそれでよいのだが、つねに新しいものを生み出す世界有数の発信地ではなくなるだろう。

横浜のほうが東京よりも都会であることは間違いない。横浜の人たちは、みな横浜生まれ横浜育ち、両親もその確率が高い。横浜の人たちは、できるだけ横浜ですごそうとする。やむをえず、東京に通勤することがあっても週末は横浜だし、デートもディナーも横浜を望む。神戸も同様だ。神戸出身者で、神戸に帰りたくないという人をみたことがない。可能なら神戸に戻って神戸で暮らしたい。彼らは洗練された男女なのだ。だから、街も東京より圧倒的に美しい。外国人居留地であった影響だけではない。

しかし、横浜も神戸も素晴らしい街なのだが、何かを生み出すエネルギーに関しては、東京にはまったくかなわない。その意味で東京はダントツだ。このエネルギーの源泉は、人びとの多様性、そして個々人の内部の多様性、地方に育ち、東京で暮らすという二重性にある。これらがエネルギーや新しいアイデアを生み出し、多様な人物どうし、多様なアイデアどうしがぶつかり合い、さらに新しいものが生まれる。そして、新しいものを生み出しつづける雰囲気、土壌をつくりあげる。複数の謎の液体を混ぜた結果、もうもうと蒸気が上がりはじめ、得体の知れない雰囲気に理科の実験室が包まれる、そんな感じが東京にはある。

地方が東京を支え、日本を支える

そしていま、この東京が失われつつある。東大の入学者から地方出身者が減っていく。早稲田も同じ傾向だ。みな、父親が東京の大企業に勤めるエリートサラリーマン。中学校から開成などの有名私立中学に入り、現役で東大。そして、そのまま東京の大企業に幹部候補生のエリートとして入社する。

こうして、子どもたちから方言が失われ、特徴のあるキャラクターが消えていく。そうなると、差異は異質と捉えられ、排除の圧力がかかる。ユニークな子どもはいじめられ、そのユニークさ、差異は排除される。ますます同質性が強まり、異質との共存への耐性が落ちていく。こうして若者たちは、環境変化にも、時代の変化にも、発想の変化にも弱くなる。優秀でひ弱で、環境変化に対応できない人びとが大量生産されていく。

こうなると、東京は大都市として病みはじめる。生活の場としても息苦しくなり、エネルギーは重荷に変わっていく。

しかし、悲観的になることはない。東京はまだ活力を維持している。まだ間に合う。だから企業の生産基地、アイデア創出センターとして復活、発展させるため、何らかの画期的な政策で、東京を世界有数の生産基地にしようという発想は自然だ。

したがって、成長戦略として特区構想を大都市、東京中心に考え、戦略的特区を東京としたくなるのも、わからないわけではない。しかし、政策の中身が間違っている。ヴィジョンが間違っている。日本の強さに対する理解が間違っている。だからダメなのだ。

東京は、エネルギーに溢れ、新しいものを次々と生み出す基地だ。日本の経済成長のためには、東京の活力を維持する必要がある。そこまではよい。しかし、そのための結論は、「東京を強くするためには、東京でなく地方を強くすることが必要」なのだ。地方が多様性を維持し、魅力、活力を保ち、東京への人材の供給基地でありつづけることが、日本の活力の源であり、これを政策で強化する必要がある。

いま、この地方の活力も魅力も失われつつある。地方で育つ子どもが減っているからだ。地方の子どもを育てるには、両親がその地方に住まなくてはいけない。望ましい仕事があり、魅力的な子育て環境があり、同時に自らの生活も充実していなければならない。これらの条件が失われつつあり、三十代の夫婦はみな東京で暮らし、子どもたちも東京で生まれ、東京で育ち、東京で就職し、東京以外に住んだことがない若者が大量生産される。

これを変える必要がある。地方を強化する政策が何より必要だ。

若い夫婦を地方に定着させ、子どもたちを地方で育てる。その地方出身の若者たちは、地元の発展のために働いてもよいし、東京で個性を発揮してもよい。地方が東京を支え、日本を支える。この構図をもう一度確立し、強化する政策が必要だ。それこそが日本の生産基地、アイデア創出基地としての東京の力を回復し、発展させるのである。

第6章

景気刺激策が景気を殺す

需要に囚われる誤謬

景気刺激策は誤りだ。

政府が打ち出す景気刺激策は、景気をよくするどころか、経済に対してマイナスであり、長期的には日本経済を殺すことになる。だから、景気刺激策は直ちにやめるべきである。

これは、いままでの常識に反する。景気刺激が必要ではないという政策提言は、これまで存在していなかっただろう。なぜ景気刺激は必要でないどころか、経済を殺すとまでいえるのか。その理由を説明しよう。

そもそも景気刺激策とは何だろうか。

景気刺激とは需要をつくることだ。短期の需要を政府が自らつくりだすか、カネをばらまくことなどで、消費や投資を増やすように働きかけることだ。

政府が直接、消費や投資をすると何がよいのか。なぜ、景気がよくなると思われているのか。

一つは、需要が増えるからである。景気が悪いのは需要不足だからだ。したがってこの需要不足を補うため、政府が出動する。デフレギャップとか、GDPギャップとかいうが、これは経済全体の生産能力に対して需要が下回っており、生産余力があるということだ。供給能力と実際の需要との差が、GDPギャップとなる。

なぜこのギャップが問題なのか。埋める必要があるのか。需要が不足しているのだから、埋めるのは当然だと思うだろう。しかし、それは当然ではない。

供給能力と需要のバランスが悪いのであれば、解決策としては需要を増やす手もあるが、一方で供給能力を減らす方法もある。どちらにすべきかは簡単で、需要が過小になっていれば需要を増やすべきであり、供給能力が過剰になっていれば供給を減らすべきである。ここまでは当然だ。

問題は、需要不足であるとつねに考えられているところにある。政治家たちは需要のことしか考えていない。供給サイドの考慮をまったくしていないといっても過言ではない。それはある意味当然で、供給過剰を解消するには、どこかの生産者、あるいは企業が撤退しなければならず、それを政治的に迫ることは難しいからだ。減反であれば、直接現金を摑ませて生産調整をさせるが、普通はなかなかそういうことができない。戦後から昭和の終わりまで部分的に生産調整を試みたことはあるが、現代においてはほぼ不可能である。

しかし、いつでも需要を増やして解決しようとすることは、想像以上に大きな悪影響を日本経済に与える。

失われたのは好況ではなく実力

日本はつねに景気が悪い、ということになっている。景気がよいといってきたのは、かつての日銀と私だけで、ともに世間から激しい攻撃を受けてきた。「景気がよい」と私が講演でいえば、「学者先生は現場のこと、苦しみがおわかりにならない」といわれ、二度と呼んでもらえない。だから最近は工夫するようになって、「景気はけっしてすごくよくはありませんが、以前よりはマシですし、今後は平均的にみれば、いまより悪くなります」ということにしている。日銀も景気見通しを「以前よりも改善している」というかたちで、相対的に語るしかない。しかし政治家が地元選挙区で「景気がよい」とでもいおうものなら、次から飯が食えなくなってしまう。だから彼らは、つねに景気が悪いという前提で話をする。その結果、毎年景気対策をすることになる。

景気とは循環するものである。サイクルである。バイオリズムである。つねに景気がよければ、それはいわば躁《そう》状態で、別の言い方をすればバブルだ。景気がずっと悪いというのは、ずっと不調、ずっとスランプということだ。私も、仕事に関して、自分は結婚後十五年間ずっとスランプだとよくいうが、みんなに、それはスランプとはいわない、実力だ、と返される。

そう。実力なのだ。

日本は景気が悪いのではなく、実力が低下してしまったのだ。失われたのは好景気ではなく、実力なのだ。

なぜ、実力が失われたのか。二十年ずっとスランプだったということは、それはスランプではなく、本質的な問題だ。間違いなく経済構造に問題がある。経済構造ということは、需要側ではなく、供給側の問題ということだ。

なぜ、需要ではないのか。本来の需要に比べて何らかの理由で需要が減っている可能性はもちろんあるが、仮に需要に問題があったとしても、それが二十年間続いているならば、需要はその程度だと思わなければいけない。二十年ものあいだスランプであれば、それが仮にスランプであったとしても、そういうものとして供給側は対応しないといけない。現状の需要を前提として、供給戦略を立てなければいけないのだ。

考えてみれば、オイルショック後に国内景気が悪化したとき輸出に頼ったのも、安易ではあったが供給側の対応、戦略変更だ。同じように、いま需要側に問題があるとしても、四の五のいわず、供給側は戦略を変えて、新しい需要をみつけなければならない。

いまなら当然、世界の需要を捉えるグローバル戦略だ。

アメリカと日本以外の国は、ブラジルなどを例外として、ほとんどが自国以外の需要と国内需要とを同等に重視している。だから、まともな企業は国内が需要不足だと嘆く暇があったら、どうやって世界の需要を捉えるかを考えている。当然、日本の企業もそうあるべきだ。これだけグローバル経済が語られながら、いまだに国内需要不足、GDPギャップうんぬんといっている議論はどうかしている。

「質の悪い需要」に依存した日本

したがって、日本経済の問題は「なぜ世界の需要をうまく取り込めなかったか」ということになる。要因は供給側にある。

供給側の第一の問題は、供給能力過剰だ。GDPギャップが大きいとは、生産能力過剰にほかならない。

日本はずっと生産能力が過剰でありつづけてきた。高度成長期には、需要が右肩上がりであるという前提で長期投資を重視した。これは素晴らしい成果、持続的な成長をもたらしたが、高度成長期が終わり、需要が右肩上がりでなくなると、すぐに問題に直面した。それを輸出で調整してきたのである。

当初は景気循環のなかでの国内需要の一時的減少に対し、輸出で調整を行なった。これをオイルショック後の一九八〇年以降も続けたのが問題だった。オイルショック以降、国内経済構造が変化し、需要の伸びが明らかに鈍化したにもかかわらず、右肩上がりの需要を前提としたビジネスモデルのまま、設備投資を継続し、生産能力が過剰となった分を輸出で補ってきたのだ。

こうなると一時的な国内のスランプを補うものではなく、恒常的に輸出に依存するようになる。当初は過度な円安（ドル高）に支えられたが、一九八五年のプラザ合意でドル高が是正されると、円高不況の悲鳴が輸出企業からあがった。しかし、国内ではバブルが始まっており、経済全体の景気は悪化どころか過熱しはじめていたのだが、輸出企業の需要不足という悲鳴に応じて、政治は過度な低金利を継続するような圧力を日銀にかけた。その結果、バブルは急拡大した。

つまり、一九八〇年代の供給能力過剰は、まず輸出で処理され、次にバブルで処理されたのである。ここに「失われた二十年」の原因がある。

すなわち、日本は質の悪い需要に依存して、経済を維持してきたのだ。その結果、「失われた二十年」が起きた。日本経済は弱体化し、構造的に弱くなってしまったのである。循環的なスランプではなく、構造的な不況に陥ったのだ。それを生み出した大きな要因は、景気刺激策であった。

質の悪い需要とは何か。次の議論のなかで考えよう。

財政出動は経済を三度殺す

財政出動は経済を殺す。飼い殺しのように、日本経済を確実に衰退に追いやる麻薬だ。過度の金融緩和が麻薬になることはよく議論されているが、財政出動も同じである。

財政政策への通常の批判は、ムダな支出によって財政破綻をもたらすということだ。これは当然で、私もまったく否定しない。ムダなものをつくると、短期の需要は出ても債務が残るだけだ。ムダなものをつくれば、その分資産を失うだけである。当たり前だ。これが財政出動の第一の罪である。

短期の刺激策が必要だという議論は、ここまでも繰り返し否定してきた。現在の日本には不必要であり、リーマン・ショックや大恐慌のとき以外には要らない。

しかし、財政出動にはムダ遣い以上の罪がある。

財政出動は、ムダ遣いであるだけでなく、直接経済を悪くする。なぜなら、財政出動によって生み出される需要とは、もっとも「質の悪い需要」であるからだ。これが、財政出動の第二の罪、第三の罪を引き起こす。

まず、政府が財政支出を続けると、民間が自立せず、政府の需要に頼りっぱなしになって、経済の活力が衰退する。これが誰の目にも明らかな財政支出の第二の罪だ。麻薬づけである。地方の公共事業への短期の雇用依存や、農業の長期にわたる補助金などの事例に象徴されるが、これが経済全体を覆えば、マクロ的にも経済を弱体化させるのは明らかだ。

財政を悪化させるという意味で、財政支出も減税も同じであるが、この点では減税のほうがマシだ。これまでの常識は、有効需要を生み出す乗数効果からいって財政支出のほうが望ましいというものだった。原始的な経済モデルをもとにして財政支出を正当化しているのだが、これは経済を弱体化させ、滅ぼす。

減税のほうが、ムダな財政支出よりもマシである。法人税や個人所得税の減税を考えてみよう。これらの減税は、企業でも、個人でも、より多く所得を得た場合に効果が大きくなる。したがって減税政策が追加されたことによって、企業も、個人も、より稼ぐインセンティブが強まる。これは経済活動を活発化させる効果があり、経済成長にもプラスになるはずだ。税制はインセンティブとなる。その意味で、うまくデザイン（制度設計）すれば財政支出よりも望ましい。

しかし、注意しなければならないのは、そうではない減税が多いということだ。現実の政策に多くみられるのは、たんなる所得移転のための減税である。

いま行なわれている以上の追加的な設備投資減税は、もともと多額の設備投資を行なっている企業への所得移転にすぎない。消費税との関係で政治的に認められない法人税減税の代わりに、景気刺激策にみえる設備投資減税の拡大をしているだけだ。さらなる設備投資減税をしても企業は設備投資を増やさず、減税額が増えるだけで現金給付に等しい。

新たな雇用に対する法人税減税も議論されているが、これも新卒を大量採用する企業に対する減税になるだけだ。雇用も増えない。なぜなら、短期的な減税を理由として採用人数を増やす企業があるとすれば、その企業の採用方針はもともとおかしいからである。ろくな企業ではない。採用は、企業の長期戦略に基づいて行なうものであり、減税が得られるかどうかで判断するものではないはずだ。一方、採用人数は増加させないということであれば、この大企業がたんに減税分を現金で得るだけのことである。

この種の減税はじつは多い。実質的には、補助金のばらまきと同じである。財政出動と同様、企業を堕落させ、活力を失わせる。ムダなものをつくるよりは、現金を配ったほうが企業も個人も幸せになるというだけの違いだ。その意味で、票の買収活動としては効率的で、公共事業よりはマシかもしれない。

このように、財政破綻懸念を高めるという第一の罪に加え、財政出動の第二の罪は、企業と個人の経済活動の活力を失わせることである。この結果、経済の成長力が失われることになる。成長戦略としてはマイナスだ。

レントシーキングという「第三の罪」

そして、第三の罪はもっとも罪深い。これこそが、財政支出が日本経済を殺す最大の理由である。それは、企業を有害な活動に導く。

どういうことか。

税制だけでなく、財政支出も経済主体のインセンティブを変える。もちろん、悪い方向に変える。財政支出がなされるのであれば、企業は、その需要を勝ち取ろうとして活動を強化する。つまり、政府の意向を読み取り、その意思決定プロセスを分析し、政府支出が自らの企業に向かうように働きかける。

すなわち、財政支出の第三の罪とは、企業活動の目標を歪《ゆが》んだものに変えてしまうということだ。

経済学では、これをレントシーキングと呼ぶ。レントとは独占利潤とも超過利潤ともいえるが、制度的な歪みなどから生じる、自由に競争していては本来生まれないはずの利益のことをいう。このレントを求めて活動することが、レントを追い求める＝レントシーキング(rent seeking)だ。もちろん、レントは美味しい。誰もがほしい。だからそのレントを勝ち取ろうと、企業は必死に努力する。

私のハーバード大学での指導教員、つまり師匠はアンドレ・シュライファー(Andrei Shleifer)という教授だ。彼は引用論文に関して質量ともにダントツの世界一で、文句なく世界一の経済学者である。彼の昔の論文のなかに、経済活動を付加価値を生み出すものと、レントシーキングとに分け、レントシーキング活動の多い国（経済）は、国（経済）全体として経済成長率が低くなることを実証した研究がある。

これは非常にシンプルかつ面白い議論だが、レントシーキング活動の多い国とは、大学進学において、理系に進学する割合が低いこと、あるいは法学部に進学する率が高いことなどの基準で判断している。ここは賛否の分かれるところであろうが、ここで重要なのはレントシーキング的な活動では、経済は成長しないというポイントである。

レントシーキングと法学部というのは面白い話だ。法律というのは、どちらに権利があるのかなどを争うものであって、新しいアイデアを生み出すものではないという考え方に基づいている。特許などの知的財産関連の弁護士が増えたり、M&A（企業買収）専門の弁護士が増えたりしているのは違うのではないか、という反論はありうる。発明や合併、買収による企業の成長をめざす経営戦略、これらを支援するものであり、付加価値を増やす活動を支援するものだからだ。

一方、発明の権利を守るとか、買収の場合の優劣を決めるなど、彼らはある種のレントを誰に与えるか、その勝負を決するためのプロフェッショナルであり、やはりレントシーキング的な活動だという解釈もできる。

シュライファーも法学部の存在そのものが悪いとはいっていない。あくまで理系の大学生に比べての比率を論じている。つまり、弁護士がいることはきわめて重要だが、研究開発をする理系の技術者、研究者がまったくおらず、弁護士だけが多数いる国はやはりおかしい、という議論だ。

さらに、ここで問題にしているのは弁護士の数ではない。法学部的な活動、ということである。法学部的な活動とは何だろうか。たとえばロビイストという職業がある。政治家に対するコネクションをつくり、それを利用して、法律の制定を有利に誘導するなどのプロフェッショナルだ。アメリカでは一つの職業として確立しているが、日本でも、あるいはどの国でも、そのようにシステム化されてはいなくとも、そういう類《たぐい》の仕事をしている人びとは必ずいる。日本にも、なぜか政治家の人脈に詳しい人、省庁の人脈に強い人がいる。

かつてはMOF担と呼ばれる、当時の大蔵省を専門とする担当者を置いていた金融機関も多くあったが、あれもロビイストの一種だ。MOF担は東大法学部出身者が多く、大蔵官僚とバックグラウンドが似ているためといわれていたが、同時に法学部の学生は、こうした活動に向いているとも考えられる。

日銀ウォッチャーはムダな職業

シュライファーはさらに、金融（の一部）もレントシーキングだといっている。つまり、付加価値を生み出さない。こうなるとレントシーキング活動というのは、かなり幅広い。直接的な賄賂《わいろ》や接待ということもあるが、そのような違法手段や社会的に否定されている手段でなくとも、政治の動きを分析したり、官僚の人事を予測したり、彼らの発想を分析すること自体がレントシーキング活動である。

たとえばＦＲＢ（連邦準備制度理事会）議長のバーナンキが議会でどのような証言をするかを予想し、それを分析するストラテジストやエコノミスト、ＦＲＢウォッチャーと呼ばれる仕事も、レントシーキングだ。

もっと露骨に、その証言が株価に影響を与えることを利用して、先に株式を買っておいたり、売っておいたりするのは、もちろん一〇〇パーセント、レントシーキングである。日銀の黒田東彦《はるひこ》総裁ウォッチャーも同じだ。あるいは黒田氏が総裁に就任するのか、それとも同じく元財務省の武藤敏彦氏になるかという予想を立て、二人の違いがどのように金融政策に反映されるかを予想していた人びとの活動もレントシーキングだった。

政府の裁量で政策が動かされるとき、この動きを先回りして予想できれば、何らかのかたちで儲けることができる。だから企業は、あるいは企業の社員や雇われたロビイストたちは、必死に情報収集をし、分析する。

政府の裁量行政の最大の問題は、政府が権限を振り回して威張《いば》るのが国民の感情を害するからではなく、その権限を利用して賄賂を受け取るからでもない。悪いのは、その権限がどのように振り回されるかを予想し、あるいはそれを自分のほうに向けようとして、企業が全力で努力することだ。すなわち、レントシーキング活動を助長することが最大の問題であり、これが経済を滅ぼすことになる。

つまり、本来であれば政府の行動を予想することができる能力のある人びと、そうした優秀な人びとはビジネスや研究開発において、さまざまなアイデアを生み出すために知恵を絞れたはずだ。新しい製品を開発したり、より顧客満足度を高めるようなサービスに改善したりすることによって、企業が生み出す付加価値を増大させ、それが企業利益になるような活動に邁進するはずだったのである。しかし実際には、レントシーキング活動にすべてを捧げてしまうことになった。政府の行動を予想することを仕事としてしまったのだ。

レントシーキングは、付加価値を生まない。政府が生み出したレント＝利益を奪い合う競争なのだ。そのレントが一〇〇億円存在するとして、各企業はそのレントを確実にモノにできるならば九九億円までコストをかけるだろう。それでも一億円儲かるし、この仕事＝レントが取れなければ一銭にもならないからである。

もちろんライバルも頑張るから、簡単にはいかない。たとえば企業五社がこのレントシーキング競争に参入し、それぞれ勝つ確率が二〇パーセントずつだったとする。各社はレントシーキング活動に二〇億円ずつ費やしても、悪くない賭けだ。しかし一方、政府がたんに抽選で、この仕事を五つの企業に割り振るとすれば、二〇億円×五＝一〇〇億円のコストはかからず、一〇〇億円分の経済活動が節約できることになる。

つまりこのレントシーキングを行なうことにより、普通に新製品開発のプロジェクトなどに一〇〇億円分エネルギーを集中し、その製品開発に成功すればもっと大きな成果が得られたはずだったにもかかわらず、政府がくれる利益一〇〇億円を得ようとしてそのエネルギーを使ってしまったのだ。レントシーキング活動では何も新しく生まれないから、一〇〇億円分の活動費あるいはエネルギーはまったくムダに使われてしまった。この活動のムダ。これが財政支出の第三の罪なのだ。

「質の高い需要」こそ成長の源泉

財政支出の目的は、民間経済の需要の代わりであったとしよう。この需要、たとえば一〇億円の政府のクール・ジャパンプロジェクトの活動費用であったとする。この一〇億円の助成金をもらうため、ある団体があるアニメプロジェクトを海外に売り込む活動をするための助成を申請した。この団体としては、一〇億円の助成金をもらうことが目的だ。だから政府の委員、あるいは担当部局に認めてもらえるように、必死で活動する。

しかし、それはあくまで政府に認められるための活動であり、いわばプレゼン活動だ。プレゼン活動が純粋にプレゼンだけに絞ったものだとすると、このアニメプロジェクトの価値には変化がない。このプロジェクトが実を結び、このアニメを海外消費者がお金を払って視聴したりDVDを買ったり、海外のテレビ局が放映権を買って放映したり、そういうことにならなくてもまったくかまわないのだ。プレゼン強化のエネルギーコストが一〇億円以下で、かつ政府の助成金である一〇億円が確実に得られれば、それで大成功なのである。

しかし、このレントシーキングに成功しても、世の中は何も変わらない。お金が政府からこの団体に動いただけであり、そのために、この団体の人びとは一〇億円分疲れたか、何らかのムダな出費をしただけだ。

もしこの助成金がなければ、この団体は海外のニーズを捉え、海外での売り上げを一〇億円以上伸ばすため、一〇億円分のエネルギーを消費したことだろう。それは、より面白いアニメをつくることかもしれないし、日本でヒットしたアニメを海外用にアレンジして別の作品にし、海外消費者が喜ぶアニメをつくりだせたかもしれない。これは付加価値の創造である。

レントシーキングをしても、この付加価値の創造をしても、この団体にとって、コストあるいは人件費は一〇億円で変わらない。収入も一〇億円で変わらない。しかし経済全体でみれば、レントシーキングでは一〇億円が右から左、政府から団体に動いただけだが、付加価値の創造をすれば新しいアニメ作品が生まれ、海外の消費者が一〇億円分、アニメを愉しむことになる。これこそが経済成長だ。

このように、政府が需要を補うために財政支出をすることは、長期的に民間経済がこの需要に依存して活力を失うだけでなく（第二の罪）、活力がみなぎっている企業や優秀な人材がこれに囚われ、付加価値を生み出さない活動にエネルギーを使い、経済成長にまったく貢献しなくなってしまう。これが第三の罪だ。一〇億円使うのであれば、減税するか、現金を国民にばらまいたほうが圧倒的によい。その理由は第一の罪や第二の罪の理由とはやや異なる。ロスが少なくてよいのではなく、活力の問題でもなく、需要の質の問題なのだ。

たとえば、政府が国民一人ひとりに一〇円ずつばらまけば一〇億円分だ。ちょっと迫力がないので、一人一万円ずつばらまくとしよう。約一兆円。国民はそれぞれ一人の消費者として、その一万円を好きなように使う。この一万円の使途が制限されていなければいないほど、経済的には望ましい需要が出てくる。

各企業は供給者として、この消費者が望む製品、サービスを市場に送り出そうとするだろう。いままでどおりの製品を売ってもよいが、新たに一兆円も需要が出てくるのだから、気合を入れて製品を開発しても、あるいは改良版を出してもよい。これまで以上に企業は消費者にウケる、魅力を感じてもらえる商品を懸命に開発し、売り出すだろう。ここに付加価値が生まれる。消費者は、自分を幸せにする製品やサービスを購入する。自分のために自分で自由に意思決定し、選択した結果、その製品を購入するのだから、それは間違いがない。

これこそ、質の高い需要だ。消費者がほんとうにほしいものを買う。そう思われるような製品、サービスを企業が開発する。これが質の高い経済活動だ。

質が高いというのは、たんに一兆円分がレントシーキングではなく、新しいものの誕生、付加価値の創出につながったということだけではない。それは大前提であり、さらに、質の高い需要とは、将来につながる需要という意味だ。この消費者の需要は、消費者本人が真に欲している需要であるから、それを勝ち取るための企業の製品開発活動は、次につながる。そこでこの消費者の需要を勝ち取れたということは、この企業の製品開発は正しく、質の高いものであり、他の企業よりも優れていたことになる。そのために努力したことがノウハウとして確立し、また次の製品開発の基礎になる。

つまり、この一兆円の特需が終わったあと、将来の消費者の購買活動に対しても、今回の一兆円分の需要を得ようとした努力が役立つということだ。そして、将来の消費者のニーズも摑み、よりよい製品を出しつづけられるようになる。これが企業の成長の基礎となり、経済全体でも成長をもたらすのである。

政府は最悪の消費者

政府支出ではそうはいかない。

レントシーキングでなくても、政府の支出ではダメなのだ。先ほどのアニメの例でいえば、海外消費者に代わって、政府が新しいアニメを判定するとしよう。つまり、レントシーキングと違って、新しいアニメ作品が生み出されるように政府がコンテストを行ない、勝利した作品に一〇億円を与えるとする。これならアニメ作品が残るから問題ないと政府は主張するかもしれない。

しかし、このときの問題は残ったアニメ作品の質であり、そのアニメ作品を生み出すために努力した、アニメ制作団体、制作企業、あるいは作家にとっての活動の質である。それがノウハウの蓄積、能力の蓄積、人的資本になったかどうかだ。それも次の政府プロジェクトを勝ち取るノウハウなどではなく、新しいアニメ、素晴らしい作品を生み出すためのノウハウや人的資本の蓄積を行なえたかどうかである。

それは消費者の質にかかっている。ここでは政府が消費者だ。しかし、政府にどこまでみる目があるのか。私の結論は、「自分のために、自分でお金を出して買うものほど、もっとも質が高い消費である」ということだ。身銭を切って選ぶときにこそ、自らのみる目を全力で発揮して、人びとはほんとうに面白いものを選ぶ。政府にはそれができない。だから、政府支出ではダメなのだ。

さらにいえば、消費者もピンきりだ。みる目のない消費者もいる。企業がほんとうに成長するためには、質の高い消費者を顧客として捉えなければならない。彼らにずっと自社製品の愛用者でいてもらい、悪い製品が出たら買わず、不満を述べてもらう。よい製品が出たら買い、絶賛してもらう、ということが理想である。彼らがマーケットリーダーとなり、ほかの消費者が追随してくれる効果もあるが、重要なのは、企業をきちんと適正に鍛えてくれることである。こうした消費者に選んでもらおうとすることが、企業が長期的に継続してよい製品を生み出すためのノウハウの蓄積につながる。

これこそが質の高い需要であり、それとは正反対の政府支出、財政支出は最悪である。質の悪い需要を摑もうとして企業が活動することは、短期的には合理的であっても、企業の成長にも、ひいては経済全体の成長にもつながらない。

質の悪い需要は巷《ちまた》に溢れている。

エコポイントでテレビの売り上げを維持した政策はまさにそうだった。エコポイントには期限があったから、メーカーはその期限内にエコポイントでもっとも割引額が大きくなるテレビをつくった。世界の潮流からすると、もはやそんな高価格のテレビをつくっても売れないことは目にみえていた。しかし日本国内だけは、エコポイント目的の目先の需要が溢れていたのだ。だからテレビメーカーはテレビ戦略の軌道修正が遅れ、経済にも大きなダメージを与えた。

二〇一三年に安倍政権は、教育支出に関連する相続税、贈与税の免税を認めたが、これも質の悪い需要をつくりだす点で悪い政策だ。どのような支出であれば認められるのか、信託銀行は必死に顧客にアドバイスし、専用のスタッフを養成したり、研修を行なったりした。おじいちゃんもおばあちゃんも、免税が認められるためにはどうしたらよいか、知恵を絞り、勉強したのだ。そんなエネルギーがあるなら、息子や娘がどうしたらもっと勉強するようになるかを考えたほうが、断然マシだ。

税についても、この現象は広くみられる。たとえば相続税率を上げると、その分相続税対策を熱心に行なう人が増え、海外に資金を移そうとして課税当局に見抜かれないよう、ムダな別荘や美術品を買ったりする。課税評価が難しい骨董品などは相続税回避のための資産としては最適で、一定のニーズがある。現金よりも土地で相続したほうが有利であるのも同じことで、さらに悪いのは借金があると資産から相殺《そうさい》されるから、質の悪いアパートを建設し、銀行から多額の借金をして相続税を減らす行動が広く行なわれていることだ。賃貸住宅用の物件に質が悪いものが残っている原因の一つである。

これらの例にみられるように、財政支出およびそれに準ずる政策的支出、減税、インセンティブ付与は、かなりうまくデザインしないと経済に三重の意味で負の効果をもたらし、それが大きければ大きいほど経済の活力は失われ、安楽死へ向かうことになる。

質の悪い需要の罪は重い。

第7章

「異次元の金融緩和」はなぜ失敗したのか

低下するどころか上昇した長期金利

金融政策の議論は、それを専門に議論する場で、多くの人びとが論争しているし、私も多くの議論を行なってきた。ここでは、その繰り返しは最小限に留めたい。だから端的に、金融緩和が実体経済になぜ悪いのかを議論する。

二〇一三年四月四日、黒田日銀総裁が打ち出した異次元の金融緩和は、いかなる意味でも失敗である。なぜならこの緩和策によって、国債金利は上昇したからだ。黒田バズーカとも呼ばれるこの金融緩和策は、端的にいえば、国債を異常なまでに日銀が買い上げるというものので、政府が新規に発行する国債総額の七割以上に当たる額を日銀が市場で買うことになった。買い上げる国債もこれまでより満期の長いもの、三年満期以下のものから、平均で満期まで七年の国債を買うことにした。これによって国債価格を上昇させ、とりわけ、満期の長いものを買うことにより、直接、長期金利を低下させることを狙ったのだ。

しかし、その意図に反して、国債金利は上昇してしまった。だから、明らかに失敗である。失敗の原因は、その規模と満期の長さにあった。黒田氏が意図したとおり、この国債買い上げ政策は異次元のものであり、すべての投資家の度肝を抜いた。まさに黒田氏の意図どおりであったにもかかわらず、国債市場は混乱し、そして暴落したのである。その後、混乱は収まったが、国債の価格は現在、下落した水準で定着しつつある。したがって異次元の国債買い入れは、国債の価格下落をもたらしただけに終わった。

なぜ、国債価格は下落したか。それは異次元の政策によって将来の国債市場がどうなるか、不確実な要素が増えたからである。これまで日本国債は高値で安定していた。財政破綻が懸念されるほど政府の借金額は世界一の水準にまで膨らんでいるのに、高値でありつづけた理由の一つは、その安定性にあった。理由はどうあれ、中小の金融機関や生命保険会社が安定的かつ確実に国債を買っていた。年金や郵貯も買い手だった。

これらの投資家の買い入れによって日本国債には安定的な需要があり、値崩れが起きないとみなされ、実際に値崩れしなかった。この結果、大手銀行など日本国債以外に運用手段をもつ金融機関も、安全資産として価格変動が小さく、長期的な価格変動リスクも小さい国債を買ってきたのだ。

しかし、日銀の異常な国債買い入れによって、この安定性が一気に崩された。七割もの国債を日銀が買い占めるとなれば、これまで国債を買ってきた投資家たちのなかであぶれるものが出てくる。とりわけ中小の金融機関は国債以外に運用手段がなく、国債が買えないとなれば、途方に暮れてしまう。株を買うわけにいかないし、融資できる先があればこれまで無理をしてでも全力で行なってきたから、これ以上の融資先もない。国債が割高になっても買うほかにはない、という不安が高まったのだ。その不安をさらに煽るように、国債価格は乱高下を始めた。これは最悪だった。

ほかの投資家は、徐々に国債市場から撤退していった。なぜなら日銀が大量に国債を買う、と宣言した瞬間、この情報は織り込まれ、もっとも高値になるタイミングが訪れたからだった。そして今後の見通しがわかりにくくなった。政府の財政状況などではなく、ほかの投資家が異次元の国債市場でどのような投資行動をとるのか、いままで以上に買うのか、市場から去るのか、乱高下を狙って、あるいは日銀に売りつけることを狙って短期の値幅取りを意図する新規参入者がどのくらい増えるのか——。こうした行動、つまり値動きが読めないという状況に直面した。

この結果、価格変動が高まった。投資家心理の不安を反映して、価格は乱高下した。これは、すなわちリスクが高まったということだ。そして、価格はいまが最高値であり、これからリスクが高まるのであれば、この機会に売って市場から撤退するのは合理的な投資行動であった。したがって、大手銀行などは徐々に国債を売っていった。

この結果、投資家が減り、同時に将来の価格変動リスクも高まり、国債市場に残った投資家も、高まったリスクに見合った利回りを要求するようになった。利回りが上昇しなければ市場が均衡に達しなくなったのだ。つまり、国債は値下がりした価格で需給バランスが取れるようになったのである。

黒田日銀にどんな意図があったにせよ、国債の金利は上昇し、住宅ローンなどの実体経済への融資金利も連動して上昇した。実体経済への融資増加、需要増加という景気刺激策としては、失敗したのである。

国債を大量に買い上げ、金利が上がり、景気にマイナスとなる、というのはあらゆる意味で最悪である。国債を買い上げるコストをかけ、中央銀行による国家財政の買い支え、いわゆる財政ファイナンスのリスクを高め、それで景気にマイナスとなるわけだから、よいことは一つもない。さらに重要なのは、国債を抱えつづけなければならない中小の金融機関にとっては、金利が上昇、国債価格が下落したわけだから、国債保有による資産損失を強制されることになったことである。

今後も国債価格は下落方向にあると思われ、円安トレンドが強まれば、生命保険会社も日本国債から米国債などの海外の国債にシフトする可能性がある。さらに国債の波乱リスクは高まっている。あらゆる意味で、異次元の金融緩和は失敗だったのだ。

インフレが必要というが……

黒田日銀の異次元の金融緩和が失敗だったのは明らかとなったが、そのもととなった安倍首相が強く主張した大胆な金融緩和についてはどうだろう。

大胆な金融緩和とは、いわゆるリフレ政策であり、リフレ政策とは、インフレ率あるいは期待インフレ率を高めることによって景気刺激を行なおうとするものである。これも、経済成長を促すという意味ではマイナスの政策だ。理由はシンプルで、インフレは経済にマイナスだからである。そんな当然のことが理由ならば、なぜ、あえてインフレを起こすという奇策をとるのだろうか。

その理由も単純だ。現在がゼロ金利であり、同時にデフレーションが起きていると思われているからである。通常の金融政策は金利を引き下げることによって金融緩和を行ない、中央銀行からお金を市中の銀行、つまり普通の銀行に流し、普通の銀行が低金利で企業や個人にお金を貸すことを想定している。お金を銀行から借りやすくすることによって投資や消費を増やし、景気を刺激することを狙っているのだ。このとき融資が増える、逆にいえば、企業や個人がよりお金を借りるようになるのは、金利が低下するからである。より安くお金を借りられるから、借りるのだ。

しかし、ゼロ金利になってしまう、すなわち日銀が民間銀行などに短期資金を融通する金利がゼロにまで下がってしまうと、それ以上、金利を下げる通常の手段がなくなってしまう。金融緩和は限界に達し、それ以上の緩和による景気刺激策は難しくなる。

現実に日本はこうした状況に陥り、欧米もリーマン・ショック後、同じような問題に直面した。日本は静かに金利が低下しただけなのだが、欧米は金融危機のなかで金融市場と金融機関を破綻から守るため、中央銀行がゼロ金利で資金を供給した結果、発生した金利低下である。危機のさなかのゼロ金利であって、同じゼロ金利でも日本とは質的にまったく異なった状況だ。

日本はゼロ金利に陥り、それ以上の金融緩和は難しくなった。しかし世間は景気刺激を求め、政治は、さらなる金融緩和をしたい誘惑にかられた。そうなると、手段はかなり奇抜なものにならざるをえない。普通に金利を下げることには限界があるから、何か違う方法を考えなければならない。それが、インフレを起こすことだったのである。

これはなんら新しい議論ではない。インフレ率を高めれば、実質的な借金の価値が下がるということは昔からいわれていて、たとえば政府債務の実質減少を狙ってインフレを起こすことは、インフレタックスと呼ばれている。われわれ民間経済主体が政府によって、インフレというかたちで実質的に税金を取られることになるのは教科書にも書いてある。インフレになると、われわれの実質所得も、実質生活水準も下がるのであって、税金を取られるのと同じだからである。

また、インフレで債務者利得も生じる。つまりお金を貸しているほうから借りているほうへ、インフレになれば所得が移転する。なぜなら借金は名目でなされているからだ。われわれが銀行に預金するとき、利子率は〇・三パーセントなど名目利子率が決められている。インフレになっても契約した利子率は上がらないから、インフレ率が〇《ゼロ》パーセントのときに名目の利子率が〇・三パーセントで、預金が少しでも増えれば、モノの値段は変わらないから買えるものが増える。だから、利子は少ないけれど貯金するのも悪くない。

ところがインフレ率が二パーセントになると、モノの値段が二パーセント上がるのに、利子は〇・三パーセントで契約してしまっているから、貯金して銀行にお金を預けているあいだに、自分のお金の価値は目減りしてしまうのだ。
政府が国債を発行して銀行から借金し、銀行は預金として預金者からお金を借りている構図であるときに、予期せぬインフレが起きれば、借金をしている政府は得をし、預金者は損をする。

さて、インフレが起きることによって金融緩和が進み、景気がよくなる可能性がある、と主張しているのがリフレ政策である。

名目金利がゼロであったとき、インフレ率が〇《ゼロ》パーセントであれば、実質的な金利はそのままゼロである。ところが急にインフレ率が二パーセントになった場合には、預金者が損をする前述の例からもわかるように、実質的な金利は、〇《ゼロ》パーセント－二パーセント＝マイナス二パーセントと、マイナスになる。お金を借りたほうが得になるのだ。こうなれば、お金を借りてすぐにモノに換えれば、借金はもとの額面分だけ返せばよいから、値上がりした価格でモノが売れれば、お金を借りてモノを買うだけでインフレ率分が儲かる。こうなれば、みんながお金を借りるだろうということだ。

みんながお金を借りてくれれば、ゼロ金利でこれ以上金利が下げられず、さらに金融緩和を拡大しようにもできなかった、ゼロ金利の壁を突破できる。だから、インフレを起こすのである。

モノの値段は金融政策では上がらない

しかし、この政策は困難に直面する。

それはインフレが起こせない、ということだ。インフレというのはモノの値段が上がることである。モノの値段は、金融政策では上げられない。なぜなら実際にモノが飛ぶように売れ、同じ値段では買いたい人の買いたい量が、売る側が供給する量を上回ってしまうという状態が継続しなければならないからだ。これはなかなか難しい。売れ行きがよければ、現在の経済においては、ほとんどの企業が増産することが可能であるから、値上げよりも先に増産を行なう。とくに景気が悪くて困っているのであれば、もともと供給能力を下回って生産していたはずだから、増産はすぐにできる。

一部の高級品においてはブランド価値の維持や、買う側の余力が高いといった要素によって値上げに踏み切る可能性があるが、インフレとは、すべてのモノの平均的な上昇であるから、ブランド品だけではインフレにならない。なるとすれば、オイルショックでガソリンが急騰したり、現在のように円安が進んでガソリン価格が上がったり、原発が止まって天然ガスの輸入が急増し、その輸入コストが円安で増大して電力料金が大幅に上がったり、といったことでもないかぎり、考えにくい。

これに対してリフレ政策、つまり、インフレによる金融緩和を主張する人びとは、インフレが起きなくとも期待インフレが起きればよいという。そもそも金融緩和のためには、インフレではなく期待インフレが重要だというのだ。なぜならお金を借りて投資する場合、その収益率、リターンを計算するにあたっては、現在のインフレ率は関係なく、いまから将来にわたってのインフレ率の期待値、つまり期待インフレ率が重要であるからである。

金融政策は、中央銀行が民間銀行へお金を流そうとするだけだから、企業の値上げを導くことは直接できず、とりわけ景気低迷期には難しいかもしれない。しかし期待インフレ率は将来に対する期待であるから、中央銀行がお金を大量に供給するという意思を示しただけで、将来、お金の増加に応じてインフレが実現すると人びとが思うことによって、期待インフレ率が上昇する可能性がある。だから金融政策は期待に働きかけるのであって、それで十分であり、実体経済の価格が変わらなくてもよい、というのだ。

そして期待インフレ率が上昇し、名目金利がゼロのままであれば、名目金利から期待インフレ率を引いた実質金利はマイナスになる。実質金利がマイナスであれば、企業は投資を行ない、個人は消費や住宅投資をする。だから、金融緩和による景気刺激策の効果が復活する。この効果が復活するのは期待インフレ率が上昇してプラスになるからであり、同時にそれにもかかわらず、名目金利はゼロのままだからだ。

ここに中央銀行の役割が復活する。期待インフレ率が上昇しているから、本来であれば金融政策を変更し、これが上がりすぎないようゼロ金利はやめなければならない。それどころか、同じように金融緩和を続けていても、期待インフレ率が上がるということはそのまま名目金利が上がるということだから（インフレが期待されるのに、同じように低い金利で貸す銀行は、あえて損をすることを選ぶことになるから）、市中銀行の貸し出しの金利が上がっても、中央銀行は国債の金利水準だけを、無理やり国債を買い増すことで押さえ込まないといけない。したがって、期待インフレ率が上昇するなかで名目金利をゼロに押さえ込むことは、二重に誤った、とてつもなく過度な金融緩和を続けることなのである。

しかし、ここであえてとてつもなく政策を誤ることが中央銀行には必要になる。金融緩和の程度を縮小すべきであるが、それをしないことによって、あえて歪んだ、過大な緩和政策をとることによって初めて、金融緩和による景気刺激効果が現れるということだ。これがリフレ派の考えである。

これは一見、頭がよさそうな議論であるが、現実的にはうまくいかない。

第一に、期待インフレ率が上昇した場合、日銀がいくらゼロ金利で資金を供給しても、それを借り入れた銀行は企業に対してゼロ金利では貸さない。期待インフレ率の上昇を反映して、その分金利を上乗せするからだ。

たとえば二〇一三年四月以降、住宅ローンの金利は上昇しているが、これは前述したような黒田日銀の国債買い入れ政策の失敗であるという解釈と、期待インフレ率の上昇が起きていて望ましい、という解釈がある。リフレ政策を支持する人たちは後者の解釈をとるが、間違っている。しかし仮に彼らの解釈が正しいとしても、期待インフレ率の上昇による金融緩和からの景気刺激効果は存在しないことになる。なぜなら期待インフレ率の上昇を反映し、銀行が貸出金利を上げてしまっているからだ。期待インフレ率が上がって貸出金利が上がらないという期待は矛盾しているから、景気刺激効果が得られないのは当然だ。

期待インフレ率を引き上げることによって金融緩和効果を狙うリフレ政策がうまくいかない第二の理由は、インフレ率が上がらないのと同様に、期待インフレ率も上昇しないからである。インフレ率が上昇しないのに、期待インフレ率だけ上がるのはおかしい。その期待はつねに外れることになり、つねに外れるにもかかわらず、その期待を持ち続けることになる。これは実現しない。だから、期待インフレ率も上昇しない。

株価と経済は別

巷での議論をみていると、リフレ派や安倍政権の人びとは、このような議論に対して、株価をみよ。株価がこれだけ上がったことが何よりの証拠だ。リフレ政策は経済をよくしている、と主張しているようだ。

これは、もっと大きな間違いを犯している。

期待インフレ率への効果を弁護しようとして、金融市場の認識に関する根本的な誤りを吐露してしまっているのだ。このような政権が金融政策に影響を与えることは、金融市場にも実体経済にも大きなリスクをもたらす。一度の偶然はあるかもしれないが、継続はしない。必ず大きな誤りを犯すことになる。

彼らは何を誤っているのか。

それは、株価などの資産価格は金融政策で大きく変化するが、その変化は実体経済がよくなったかどうかとは無関係であるという事実である。

リフレ派の人びと、そして安倍首相も「期待に働きかける」という言葉を多用する。そしてリフレ派の学者と安倍首相とでは、その期待の意味が少しズレているようだ。学者や評論家は、まさにインフレが起こるという期待に固執しているが、安倍首相は、もっと漠然とした、将来の日本経済がよくなるという人びとの期待に置き換えて（すり替えて）、演説をしている。

これは、安倍首相の感覚が正しい。今回の大胆な金融緩和によって、期待は動いた。動くかもという期待が動いた。しかし、何が動いたかというと、それは日本経済が動いたのではなく、株価が動くという期待であったのだ。

日本の株価は安すぎる。誰もがそれを知っていた。しかし、日本は安定しすぎて動かない。崩れるとも思えないが、よくなる兆しもない。株は、大きく上昇する可能性がなければ買う気がしない。少しだけ確実に上がるのであれば、債券を買って利子を確保したほうがよい。だから安定していて割安な日本株は、悪くはないが、あえて買う気がしない。それはほかの投資家も同じで、誰も買わない。だから上がる気配もない。したがって、ますます買う必要がない。

これが、世界の投資家の日本株に対する一般的な見方だった。

この悪い意味での安定性を壊したのが、安倍自民党総裁の、異常な金融緩和への固執であった。それが正しいか、正しくないかは関係なかった。首相になることが確実である安倍総裁の意思が固い。金融政策は異常に緩和される、という確信が世界に広まったのだ。そして、世界の投資家の期待は動いた。

異常な金融緩和は資産市場を動かした。株価と円は大きく動いた。日本の株価がついに動く。世界中の投資家は日本株をほとんど最小限しかもっていなかったから、みんなとことん買った。株価が大きく上がると期待したからである。その期待は実現した。それは当然で、上がると期待するから、買う。買えば上がる。つまり、期待は実現する。期待が実現するからますます確信を深め、さらに買う。さらに株価は上がった。世界的に金融緩和、量的緩和は株価など資産価格の上昇、通貨安をもたらす、というのは、理論的根拠はともかく経験則だ。だから、その経験則に基づく期待、株価上昇の期待も自己実現した。みんなが買ったからだ。ほとんどの投資家が同じ発想で動いたからである。

資産市場は、価格への期待が自己実現する世界である。将来の期待に基づいて、投資家は現在の行動をとるから、期待がそのまま即座に自己実現する。したがって安倍首相が「期待に働きかける」というのはある意味正しく、そのフレーズは呪文のように株価を上げることに成功した。

しかし、ここで安倍首相は間違いを犯した。その他すべての閣僚も同様であった。つまり呪文を唱えて株価を上げることに成功はしたが、その成功を経済政策としての成功と主張したからである。

「金融政策に対する批判がありますが、ともかく株価をみてください。株価は大幅に上昇している。この株価の上昇をみれば、われわれの金融政策で経済がよくなっていることは明らかです。まだよくなっている実感はないといわれますが、株価は将来を先取りするので、これからよくなることを明らかに示しているのです」

彼らはこのように繰り返し、主張した。そして繰り返し、誤りを犯した。まったく金融市場をわかっていないことを繰り返し、世間にアピールしたのである。

株価は金融緩和で上昇する。お金が溢れるから当然である。本章の冒頭で述べたように、お金が溢れればモノの値段も上がるはず、というナイーブなリフレ論者の主張は間違っている。なぜなら余ったお金はモノに向かうのではなく、資産に向かうからだ。お金が溢れ、お金をもっているだけでその価値が下がるのならば、人びとはモノに換えておくのではなく、それを実物資産に換える。

不動産も、株も、実物を背景にした資産だから、お金が殺到して流れ込む。為替も同じだ。そのお金が溢れて余るのであれば、ほかの通貨よりも安くなると考えられる。利子率も下がると思われれば、ほかの通貨で、ほかの国の国債で利子を稼いだほうがよいと考えるからだ。すべての投資家がこのように考えるから、実際に株が買われ、株価が上昇することになるのは、前述したとおりである。

金融緩和を徹底的に行なえば、株価は上昇する。しかし、これは実体経済が改善したかどうか、よくなる見通しが立ったかどうかとは、まったく無関係なのだ。資産市場では、それが普通のことである。経済がよくなるか、よくなる見通しが高まれば株価は上がるが、株価が上がったからといって、経済がよくなるか、よくなる見通しが高まったわけではない。たんに金融政策の変化を受け、資産価格が上昇することは多い。

したがって、株価が上がって株式投資で儲けた高齢者が百貨店で高級品を買えば、短期的に消費は多少増えるが、それは持続力のあるものではなく、経済全体が長期的に成長するかどうかとは、無縁なのである。

安倍政権の打ち出した過剰な金融緩和によって、株式市場は金融的な理由で異常な割安から抜け出し、その勢いでバブルとなったが、実体経済には無関係であった。株価上昇で消費は一時的に増えたが、バブルが崩れると、増えた分は反動で消えた。実体経済の継続的な回復に対して、金融政策の効果は限定的だった。

なぜ安倍政権誕生で世の中は明るくなったのか

しかし、安倍政権の誕生以降、世の中が明るくなったのは事実ではないか？　経済もよくなったようにみえる。多くの大企業の景気見通しもよくなったといっている。これはどう説明するのか？

これらは事実である。人びとの雰囲気は一変した。理由は二つある。

第一の理由は、閉塞感が打破されたことだ。安倍政権前の政権は、民主党であれ、その前の自民党政権であれ、出口がみえなかった。この先どうなるのだろう、という不安だけがあった。そして政治の混迷は、沖縄の普天間基地移設問題、東日本大震災、福島第一原発事故と続き、問題そのものには当然のこと、それらに対する政治の対応に人びとは絶望感を抱いた。それにもかかわらず、政治は政局の話ばかりしているようにみえた。この出口のない気分は経済活動にも影響を与えていた。

この閉塞感を打破したのが、安倍首相である。安倍自民党総裁の誕生、そして、彼の首相就任を確定づけた野田前首相の衆議院解散、これらによって急に政治は動き出したようにみえた。野田前首相の消費税引き上げの決定も、政治の底のほうではこの変化の流れのうねりをつくった。そして安倍氏の打ち出した、中身はよくわからないが、勢いのある口調で自信満々に語られる経済政策であるアベノミクス、三本の矢に期待してみよう、という気分に人びとはなった。

だから、ある意味、期待で気分を動かしたのであって、その意味で、安倍首相は大成功を収めた。

ただし、その核となったリフレ政策は、本章でも述べてきたように誤りである。無理に続けようとすると破綻したり、副作用が大きくなったりもする。早く手じまいをしたほうが、経済的にも、政治的にも望ましい。

一方、株高とともに円安も進んだ。安倍政権誕生の期待が高まった二〇一二年十一月十六日以降、円はあっという間に半年で一ドル＝七〇円台から一ドル＝一〇〇円を突破した。これを受け、輸出や海外市場を収益の中心とする大企業の業績は大きく改善した。製造業のなかでも大企業が大きな改善をみせた。

これは、経済成長にとって当然プラスではないのか。円安をもたらしたのはアベノミクスであり、なかでも異次元の金融緩和が円安を導いたのではないのか。金融緩和は国内経済への刺激効果はないかもしれないが、輸出を伸ばすという意味で、日本を救ったのではないか。

じつは、この当然とも思える円安効果も誤りなのである。次章で議論しよう。

第8章

円高が切り拓く日本の未来

円安がもたらす三つの利益

安倍政権の経済政策、アベノミクスによる経済効果として、円安が唯一、実体経済に影響を与える可能性のあるものである。

大胆な金融緩和は、為替操作を狙ったものではないということになっているが、意図はどうあれ、金融緩和を極端に進めれば、為替は安くなるのが普通であるから、円安に影響を与えたのは間違いないだろう。

円安と株高が、アベノミクスによる景況感の改善に大きく貢献したのは事実である。そして株価は急騰の反動で一時下落したが、円安は継続しており、株価は金融市場だけの話だとしても、円安によって、輸出中心の大企業の収益は改善した。そうであれば、やはりアベノミクスは正しい経済政策だったのではないかという意見が多数派となるかもしれない。

しかし、円安も、長期の日本経済を考えると大きなマイナスなのである。本章では、それを議論しよう。

円安によって、輸出中心の大企業の収益が改善する理由は三つである。

第一に、価格競争力が高まり、輸出が増える。多くの人は、円安による企業業績の改善といえば、これを考えるだろう。しかし、この効果はあまり大きくない。なぜなら、輸出企業は自国の生産コストの都合で輸出価格を設定しているわけではないからだ。

自動車で考えてみよう。アメリカ市場で自動車を売るとき、いくらで売ったらよいだろう。日本の高級車であれば、ＢＭＷやアウディなどのライバル車の価格との相対的なポジションを考えるだろう。アメリカ市場における購買者の財務状況や、嗜好にも大きく左右される。国内生産コストの都合は二の次だ。もっとも売上額（あるいは利益）が多くなりそうなのが一台五万ドルなら、五万ドルにする。自国の為替レートの変動に連動させる理由はない。アメリカの消費者にそれは無関係だ。五万ドルがアメリカ市場における最適価格戦略であるなら、その価格は、円安になろうが円高になろうが変わらない。だから円安になっても販売台数は増えないし、生産台数も、ましてや雇用が増えるはずもない。

では、円安は業績にまったく影響がないのか。そうではない。円安の第二の効果は、利益率の改善である。

前述のように、輸出企業は輸出先での販売価格は変えない。販売数量も売上高も変わらない。ライバルとの関係からいって当然だ。しかし、このときコストはドルベースでみると低下している。販売価格は一台五万ドルだが、コストは国内生産だから一台四〇〇万円ならば、一ドル＝八〇円のときドル換算のコストは五万ドルで、利益ゼロとなる。もし、一ドル＝一〇〇円になればコストは四万ドルで、利益は一万ドル。このように円安で利益は増加し、企業の利益、とりわけ利益率は大幅に改善する。

つまり、利益は増えるが、生産は増えない。雇用も増えない。利益が増えるから株価は上がる。この結果、株主と経営者は大きな恩恵を受ける。下請けに対するコスト削減要求が減少すれば、下請けも利益を確保できるようになる可能性があり、従業員へのボーナスも増加するかもしれない。したがって、景気に対してはもちろんプラスである。

円安による利益増加の第三の理由は、海外子会社の利益増額である。これが日本企業の利益改善にもっとも大きく寄与し、株価上昇に寄与した。輸出企業である必要はない。グローバルに活動し、海外で利益を上げているほとんどすべての優良大企業は利益が増加し、決算上方修正、株価は上昇となった。

たとえば、ある自動車会社のアメリカ子会社の利益が一〇億ドルだったとしよう。円換算では一ドル＝八〇円なら八〇〇億円だが、一〇〇円になれば一〇〇〇億円。今期末の決算は即上方修正、二〇〇億円の増額である。これは輸出していなくとも、海外で活動しているすべての企業が恩恵を得る。それは会計上のものにすぎないが、だからこそ確実に生じる。そして、株価は上がる。

この上方修正は、マクロ経済全体としては大きい。いまや日本は、所得収支の大幅黒字によって貿易収支の恒常的な大幅赤字を補っており、なんとか経常収支黒字を維持している。この所得収支の改善とは、海外子会社の利益の増加による。所得収支の黒字拡大は、まさにこうした各企業の海外子会社の収益拡大によるものである。そして、海外子会社は今後も増大していくと思われるから、この所得収支改善効果は、これからも拡大が期待される。

この三つの要因により、円安は企業業績を改善させる。実際、二〇一二年度決算（多くの企業が二〇一三年三月期決算）は大幅な利益改善となり、株価の押し上げ要因となった。

円高局面からの転換利益は一度きり

それならば、やはり円安は日本経済にとって、当然プラスではないのか、という議論になりそうだが、それは誤っている。

経済全体でみると、円安は、短期にも、長期にもマイナスである。一部の輸出大企業には利益率改善、前述の第二の効果が大きく効くと思われるが、それ以外の企業には恩恵がない。一方で、円安による輸入コスト増加は、すべての企業、家計（個人）に及ぶ。単純に考えても、大幅な貿易赤字が定着しており、輸出よりも輸入のほうが多いのだから、円が弱くなることによる輸入品の価格上昇、コスト増加の影響のほうが、輸出における利益増加よりも多くなるのは必然である。

したがって、円安は日本経済からの所得流出になる。為替が弱くなることは、経済学でいうところの交易条件の悪化をもたらすが、まさにその悪影響が出る。実際、二〇一三年四月以降、ガソリン、電気料金のコスト増加が大きく、物価も上昇に転じる気配があり、家計、中小企業はコスト増加に悩まされている。

それにもかかわらず、円安こそ日本に望ましいという議論が一般的なのはなぜだろうか。

第一に、過去の経験に引きずられているからだろう。過去は輸出の影響が大きかった。いまは所得収支の影響が大きくなっているのだが、過去の枠組みから思考を変えられないのではないか。

第二に、円安メリットは自動車などの、規模の大きい目立つ企業に集中するため、ニュースなどでも目につくからだ。一方のコスト増加については、イカ釣り漁船が操業停止などのニュースはあったが、広く薄く経済全体で負担するため、目立たない。

しかし、円安が日本によいと思ってしまういちばん大きな理由は、円安で株価が上昇したというニュースの印象が強いからだ。円安になると日本の株価が上昇する。これを毎日テレビと新聞でみれば、誰でも円安は日本経済によい、と思い込んでしまう。では、円安だとなぜ株高になるのだろう。

第一の理由は、この二つは必ずしも因果関係はないが、相関関係は強いからである。つまり、円安で株高になるとは限らないのだが、円安になっているときには株高になることが多いからだ。たとえば金融緩和が拡大すれば、円安と株高が同時に進む。因果関係ではないのだが、同時に起こるので因果関係があると信じ込んでしまうのだ。金融緩和、とりわけ量的緩和と呼ばれる金融資産を中央銀行が大量に直接買う政策は、株価の上昇につながる。同時に海外との相対的な関係で、金利が低下する方向だから、為替も安くなる。したがって、同時に円安と株高になる。金融的な理由、金融市場の動向に基づいてこの二つが動いており、実体経済と関係があるとは限らず、二つのあいだに因果関係もないのだが、因果関係があるように誤って感じられてしまうのだ。

第二の理由は、第一の理由から派生して出てくるものだが、円安になると、実際に投資家が株を買い、株価が上がるからだ。人びとが第一の理由によって円安で株高になると思い込んでいれば、株式市場では、円安になったら、株を買うという行動が広がる。実際の行動が広がれば、現実の株価も上がる。みんなが買うからである。こうなると、円安は株高、というパターンができあがる。実体経済で何が起ころうと関係ない。円安なら株高と信じて多くの投資家が日本株を買えば、実際に上がるのだから、因果関係は自己実現的にできてしまう。

第三の理由は、第一と第二の理由の底にあるものだが、株価が上がるということは経済がよくなっていくことを表すという誤解があるからだ。これは、前章でも述べたが誤りだ。経済がよくなれば株価は上がるが、逆は必ずしも成り立たない。金融市場の都合だけで、株価は上がる。しかも最近は、この傾向が強い。

実際、安倍政権誕生後の株価上昇も実体経済の状況とは関係なく、日本株に資金が殺到したから上昇したのであって、この上昇をファンダメンタルズ（経済の基礎的条件）で正当化できるかどうかはこれからといわれている。さらに、それは実体経済がよくなるという自信をもった投資家の期待を先取りしたものではなく、ブームが起きて、期待が勝手に盛り上がったのであって、その期待は実体経済がどうなろうと株価が上がればそれでよいからこそ自己実現し、満たされたのだ。

そして第四の理由として、前述したように円安によって実際に業績が改善した企業が多かった。円安で経済が改善するというこれまでの常識が、実際の企業収益で裏づけられた、と人びとは思った。これにより円安は当然経済にプラスという印象が強まった。

このように、円安で株価が上昇する理由は、株式市場だけの都合（理由）によるものと、企業収益も関連しているものとがある。なかでも先ほど述べた円安で企業収益が改善する第三の理由、海外子会社の利益の円換算額が増大することが、企業業績にもっとも大きな影響を与え、株価にも影響した。これがあるのだから、やはり円安のほうがよいのではないか。普通はそう思うだろう。

しかし、これこそ誤りだ。なぜなら、これは一度しか通用しない。一ドル＝一〇〇円になれば次はない。さらに円安が進まなければ、円換算利益の増加は実現しない。だから、円高局面からの転換では一回しかチャンスがない。

一回しかないチャンスであれば、それは最適なタイミングで捉えたい。それはいつか。

「いまでしょ」とはならない。いまではないのだ。

なぜなら日本企業の多くは、いまこそ海外での拠点を拡大しているのであり、出遅れた大企業の海外展開の本格化は始まったばかりだからだ。そして、中堅、中小企業も、二〇〇七年以降、海外への本格展開を少しずつ進めてきた。この流れをいま円安にしたら止めることになる。だから、いま円安になるのは最悪なのだ。

「円安＝競争力」という昭和の発想

日本企業は国内市場で成功してきたが、今後、国内市場の縮小傾向は明らかだ。一方でアジアをはじめ、世界市場の伸びは著しい。新興国も大きく伸張しているが、アフリカなど遅れていた国々も一気に動きはじめ、経済が拡大している。さらにはアメリカもリーマン・ショックから復活してきた。これらの市場で成功しようと、日本の大企業も遅まきながら本気で決意し、取り組みはじめたのだ。

もちろんこれまでも淡々とグローバル化を進めてきた企業は多い。しかしここにきて、それがほんとうに本格化してきた。保守的といわれてきた武田薬品工業は二〇一一年にスイスの製薬会社ナイコメッド社を約一兆円で買収し、その後も次々と海外企業を買収している。ソフトバンクは米スプリント社を二兆円近くかけて買収した。海外進出、買収の動きはこうした大企業に留まらず、中堅、中小にも広がりつつある。素晴らしいことだ。ようやく日本企業は真のグローバル化を進めはじめた。今後、世界での売り上げを大きく伸ばしていくことが期待される。

さて、このときに円安と円高のどちらがよいのだろうか。

一見、当然円安がよいように思える。なぜなら、世界と競争するなら、円安のほうが価格競争力が高く思えるからだ。それは完全に誤っている。あるいは、一九八〇年の常識だ。

これだけグローバル経済が進展していれば、すべてを本社のある国で生産して世界中に輸出するというビジネスモデルでは、ライバルに勝てない。生産地を自国に限るという制約があり、自由に立地を選べる企業に比べて圧倒的に不利だ。コストと質を勘案して、その製品にとってベストの生産地を世界中から選ぶ。そうしなければ勝てない。

実際、日本製と銘打っても、それはブランドのマークを日本で刻印するだけのことで、ほとんどの部品を海外で調達しているのであれば、どこで組み立てても同じだ（もちろん、厳密には異なる。とりわけ自動車は意外と差がつくといわれている）。手作業ではなく機械をどこに納入するかだから、物流費などを除けば、世界のどこでつくっても品質は同じになる。そうであれば日本でつくる理由は、日本製という名前を手に入れる以外にない。

ＯＥＣＤ（経済協力開発機構）の最新レポートによれば、日本から輸出される多くの製品において、日本で生み出された付加価値の割合が大幅に低下しているという。これは日本で組み立てることなどにこだわりすぎ、実際の日本の競争力が落ちていることを意味している。

重要なのは、世界でその企業の製品が売れることであり、儲かることだ。儲かるということを経済学の用語でいえば、付加価値を高くするということになるが、そのためには魅力的な製品を安くつくらなければならない。

これだけグローバル化が進み、世界中の企業が世界中の市場に参入してくると、それらに勝つためには、生産は世界中から最適なところを選ばないといけない。それが日本だったら素晴らしいが、逆にいえば、すべてのモノが日本で生産されるのが最適であるはずがない。

消費地が企業を成長させる

世界中の企業が生産に工夫を凝《こ》らす。その場合に、決め手となるのはつくり手だ。たとえば日本が圧倒的な競争力をもち、日本にいる日本人がつくったものしか使い物にならない、ということであるならば、それは日本でつくるしかない。

いまやこうしたものは少なくなったが、精密な機械式時計はスイスと日本しかつくれないかもしれないし、新幹線のオペレーション、ヤマト運輸の宅配システムなども日本でしか実現できないかもしれない。繊細な日本料理をつくる味覚、感覚は他国の人びとには真似できないかもしれない。

しかし、それらは限定的だ。一時はコストと品質において、何をつくっても自動車は日本、精密な電気製品も日本だと思われていた時代もあったが、この認識は間違っているうえに、当時の競争力は失われた。なぜなら、いまやそんな現場の個々人の能力に頼っていては、製品の質も生産プロセスも安定しない。生産量も増え、ある程度のマニュアル化が多くの分野で進んでいる。

日本においても、もちろん職人の数は減り、しかも職人に頼っていてはコスト面でも量の面でもビジネスにならないのは明白だ。だから品質管理、労働管理をして、世界中どこでも生産できるようなシステムをつくらないと、日本の工場ですら動かない。逆にいえば、世界中どこでも、しっかりしたシステムとオペレーションを行なえば、一定の品質の製品をつくれるようになった。生産地の選択はこのような前提で、労働力などの質とコストとの見合いで決めることになる。

しかし、いまや生産側の要因だけで立地を決めるのは不可能である。需要サイド、つまり消費者にいちばん近いところ、言い換えれば消費地立地の優位性が高まっている。

これはきわめて合理的だ。

実際、本田技研工業は、消費地立地でほとんどの生産基盤の立地戦略を考えると表明している。これから需要が伸びる地域、現地で生産し、円安になっても日本では自動車の需要が伸びるとは思えないので、日本は現状の生産施設で対応するといっている。

消費地に立地するとさまざまなメリットがある。製品開発という点では、現地の嗜好、テイストが自然と現地の社員から入ってくる。赴任している社員も現地で生活しているから、現地の感覚を肌で感じることができる。それと母国のテイストを織り交ぜ、アイデア、感覚も融合すれば、よい自動車ができそうな気がする。

生産と販売の連携も現地のほうが圧倒的にやりやすい。社会を共有しているということは、部署や立場ごとの違いによる感覚のズレを、現物、現場、現地をみることで解消できる可能性が高いから、スムーズに協力ができ、ムダがない。一体感も生まれる。

現地に立地した生産拠点をネットワークとして使って、為替変動が大きければ、それをうまく利用し、安くつくれるところでの生産を増やすことができる。製品開発を現地で行なえば、新しいアイデアも各地域で生まれ、それを世界で共有することも可能になる。

たとえばサービスセクターになるが、マクドナルドには世界的なマニュアルがある。しかし、それぞれの地域で工夫していることも多いし、それを世界でシェアすることもある。当然といえば当然だが、日本マクドナルドのオペレーションレベルはダントツに高く、日本で生まれたさまざまなアイデアは、世界中で共有されることになった。

もちろん、私の大好きな吉野家のオペレーションのレベルも、同じように、いやはるかに高いのであるが、こちらは世界ネットワークがなく、日本でのノウハウをどこまで現地に落とし込めるかというところで苦しんでいる。アイデアの世界的な広がり、相乗効果がない。そういった意味で吉野家がグローバル企業になるまでには、マクドナルドとはまだかなり差がある。

実際、日本の飲食チェーンなどでは、現場のオペレーション能力が高すぎるために、他国で応用できないだけでなく、国内でも現場の能力が落ちたとき、店舗ごとのオペレーション差が極端に大きくなってしまうことがある。この問題を解決するには、現場のレベルが低い国で苦労した飲食チェーンに優位性がある。グローバルに現地でさまざまな経験をすることが重要なのだ。

真のグローバル化はまだこれから

したがってグローバル経済が進展した現在、企業が世界で成功するためには、消費地立地を進めることが必要だ。そのうえで生産基盤ネットワークをグローバルに確立し、もっとも効率的で、革新的な製品を生み出す生産ポートフォリオを組むことが重要になる。生産ポートフォリオとは、消費地としての魅力、生産地としての魅力の双方を考慮して、どこで研究し、製品開発し、生産し、販売するか、その戦略をグローバルに考え、それぞれ最適な場所を最適な比率で選んでいくことだ。

このような観点に立つと、ほとんどの日本企業は、まだ海外の生産ポートフォリオの確立が不十分である。うまくポートフォリオを組むことができない。世界中の技術者、消費者、企業のネットワークを生かした世界での最適戦略が立てられる状況にはない。その一つの理由が、現地の拠点不足である。

今後、さらに日本企業は海外進出を進めていくだろう。しかしそれは第一に、日本でつくったものを海外に売るということではない。その原始的なスタイルはもはや過去のものだ。

第二に、そのためには現地に拠点を築くことが必要だが、それにはM＆Aが不可欠である。現地の生産ネットワーク、マーケティングネットワーク、そして優秀な技術者や従業員の確保のためには、企業買収が有効な手段だ。適当な企業がない場合には、自ら拠点を立ち上げることになる。

しかし、いずれにせよ、海外資産を買うことが必要だ。企業、土地、人材、どれもカネが要る。売る側は世界中の誰に売ってもよいから、一般的には、米ドルベースで考えて売値をつける。

このためには円高のほうが断然によい。一ドル＝八〇円なら、一ドル＝一〇〇円のときよりも二割以上安く、企業、土地、人材を確保できる。武田薬品工業もソフトバンクも買収時点では円高を望んだだろう。

日本はいま、この拠点づくりを進めている真っ最中だ。企業によって濃淡はあるが、いよいよその進出を本格化しようとしている。

金融セクターにすらそれは広がってきた。三菱ＵＦＪフィナンシャル・グループは、タイのアユタヤ銀行を買収する。武田薬品工業やソフトバンクに続く大規模買収は、三菱ＵＦＪに限らず、今後、さらに加速的に増加するだろう。そのためにも、円高のほうが断然よかったのだ。

現在の日本においては、円高のほうが有利なのである。円安で海外子会社の利益の円換算はかさ上げになるが、こうしたネットワークが確立すれば、いまの一〇倍、一〇〇倍の効果があり、そのときに利益のかさ上げが起きたほうがいい。利益を刈り取るのはまだ早い。いまは投資の時期、攻めの時期なのだ。

企業の競争力、世界戦略、企業のグローバル成長、日本経済の本格グローバル化、これらのすべてに海外ネットワークの確立は貢献する。そして、それを支援するのは円高だ。

したがって、円高こそ日本にとって、もっとも重要な成長戦略なのである。

第9章

人の成長なくして経済成長なし

すべての基本は人

ここまで、現政権および過去の政権の成長戦略を批判してきた。批判が妥当だとすると、それならどうすればいいのか？　ということになる。これまで既存の成長戦略がうまくいかない理由、根本的な原因を述べてきたが、本章では、その考え方に基づき、現在の日本に必要な真の成長戦略を提言したい。

すべての基本は人である。人以外に経済を成長させるものはない。したがって、すべての政策は人に集中させる。

人とは労働者であり、経済からみれば労働力である。

古典的な経済理論においては、経済は資本と労働から成り立っている。したがって、その経済が成長するには、資本と労働が増える必要がある。資本と労働の投下量を増やすことしか経済を拡大する手段はない。

これに「知識」を持ち込んだのが、二十数年前に登場した新経済成長理論だった。経済学では技術進歩をどうモデル化するか、ずっと悩んでいて（いまも悩んでいるが）、かつては、技術進歩とは、資本と労働の投入量の変化で説明できない部分とされていた。それを知識という投入財として定義し、正面から扱ったからこそ、新経済成長理論は画期的だったのである。

ここで、新経済成長理論の詳細は述べないが、重要なことは、この知識をどう扱うかである。すなわち、知識、あるいは技術、あるいはイノベーションはどうやって生み出され、どのように経済に貢献するか。それをどう経済理論モデルとして捉えるのか。

そしてわれわれにとって重要なことは、成長戦略を打ち出すにあたっての基本的な軸を決めることだ。新経済成長理論の枠組みでいえば、資本と労働と知識という投入財について、どのような考え方をとるのか。とりわけ、知識をどのように捉えるのか。具体的には、どのような軸を据え、この軸にどう関連づけて、どのような政策を体系化していくのか。

現在の成長戦略の議論には、この軸が決定的に欠けている。何が成長をもたらすかという考えがない。だから、目先の需要を生み出す短期的な財政出動政策や、安易に外資系企業を呼び込む媚び売りエサ釣り戦略など、行き当たりばったりの政策ばかりが並んでいる。また、空港などのインフラ整備戦略も、要は財政出動であり、短期の需要増加政策にすぎない。これらの政策からなる成長戦略は、持続的な成長をもたらさない。なぜなら、付加価値の増大につながらないからだ。

特区戦略も混乱している。特区戦略が成長戦略になるためには、特区で何か新しいものが生まれる必要がある。しかし、特区からそれは生まれない。規制緩和してもイノベーションは起きない。なぜなら、競争だけでは新しいものは生み出されないからだ。

もちろん、競争はガバナンスとしては望ましいが、競争すれば新しいものが生まれるということには、インセンティブさえあれば何でもできるという前提がある。新しいものを次々に生み出す能力が日本経済にはすでにあるが、それがいまは使われてないという現状認識である。残念ながら、これは誤りだ。

この二十年のあいだに日本経済から失われたのは、新しいものを生み出す力だ。イノベーションを起こし、新しいものを生み出すためには、供給サイドの能力をアップさせることが必要だ。力のないものどうしが競争しても何も生まれない。インセンティブをいくらつけても、新しいものは誕生しない。表面的に、短期的に勝負に勝とうとするだけで、小手先になる。宣伝、広告、売り込み……付け焼刃だ。イノベーションはそれとは違う。これを生み出す力を日本は基礎から再構築する必要がある。この力はどうやって生まれてくるのか。

新経済成長理論から導き出される成長のメカニズムは三つだ。労働力を増やすか、資本を増やすか、あるいは知識を増やすか。

労働力を増やすために人口を増やす。そのために、出生率を上げる、移民を受け入れる、女性の労働力化率を高める。よくある長期成長戦略だ。

資本を増やす戦略もよくある話だ。日本では高度成長期に、高い貯蓄率を背景に実物資本への投資が進み、高い資本蓄積を実現し、成長した。現在でもいまだに設備投資減税を継続しており、今回の成長戦略で、さらにこれを拡大した。しかし、これは誤りだ。もはや日本は物理的な生産設備が投資過剰になっている。同じ設備を増やしても何も新しいものは生まれない。

同様に、労働力をただ増やしても何も生まれない。労働力が増えれば、賃金の単価が下がり、資本が相対的に不足し、希少になるから、資本の利益率は上がる。株主、金融セクター、企業経営者は儲かるようになるが、人びとは平均的には貧しくなる。日本の経済規模を拡大して、大きな経済をリードする日本の首相の価値は上がるが、人びとの生活はよくならない。重要なことは一人当たりの経済水準であり、所得水準だ。量より質なのである。

労働も資本も、物量を投入しただけでは規模の拡大にしかならず、経済を質的に向上させることはできない。国民一人当たりの所得を上げるためには、質的な成長が必要だ。

ということになると、残ったのは知識だ。知識を蓄積するしかない。
知識を、日本社会、日本経済にどのように蓄積していくのか。

持続可能な「有機的成長」のメカニズム

経済全体の知識の量を増やすには、いくつか方法がある。前述の新経済成長理論でも、四通り考えられる。
(1)もってくる。
(2)直接つくる。
(3)資本に体化させる。
(4)労働力に体化させる。
成長戦略は、この四つで構成するべきである。そして軸を一つ決め、その軸を中心に残りの三つによる個別の経済政策をうまく組みあわせて、日本経済を長期的、持続的に成長させるのだ。

軸は(4)だ。なぜなら、これこそが長期的に持続可能な「有機的成長」のメカニズムだからである。

知識をもってくるのは、途上国の成長モデルだ。明治維新においても、西洋から技術、知識を導入した。もってきたのは人だ。西欧人が日本に来て、知識を伝えた。この知識をもとに、日本人は一所懸命働いて、西欧がつくるものに近い製品を、より安くつくり、輸出して儲けた。その儲けたお金で、海外から機械、設備を輸入し、資本を蓄積した。この機械や設備は、西欧の知識が体化した資本であった。

したがって、(1)の知識の導入は経済成長をもたらすことになった。では、これでいけるかというと、いまやこれは通用しない。同時に経済成長の本質ではない。なぜなら知識の外からの導入では、新しいものは生み出されないからだ。

西欧と同じ知識を使う。それをもとに製品をつくって輸出する。なぜこれで儲かったかというと、労働力が西欧よりも安かったからだ。すなわち儲け、つまり経済成長をもたらしているのは、安い豊富な労働力にほかならない。これがなければ西欧の製品に勝てない。知識の導入は必要だが、外から持ち込んだ知識は、それだけでは経済成長をもたらさない。それを使いこなす労働力が決め手になる。

知識を詰め込んだ機械を導入することは、(3)の資本に体化させるという枠組みで捉えられるが、機械を海外から輸入するのであれば、⑴と同じで日本経済の成長をもたらさない。世界中どこでもその機械が利用可能ならば、それでは日本で儲けられないのだ。その機械を生かす力が日本にだけ存在するか、もしくは日本に世界で唯一の機械が存在するか、どちらかであることが必要だ。

世界唯一の機械はどうやったら入手可能なのか。もちろん、自分でつくるしかない。そのとき、つまり、最先端の知識の詰まった機械や設備をつくるとき、何が必要か。もちろん、最先端の知識である。それをもっているのは人だ。だから、経済成長するためには、体化させるべき知識を世界で唯一もっている人材が日本にいる必要がある。

しかし、シンガポールのようにただ連れてくるだけではダメだ。その人材がほかに引き抜かれたら終わりだからである。また、その人材の知識を定型化して、特許あるいは機械や設備に体化させて閉じ込めても、一回でその人材は使い捨てになってしまう。なぜなら、特許は売れればカネになるが、次の知識は生み出さないからだ。特許はカネを落とすが、持続的成長はもたらさない。機械や設備は、売れればカネになるが、次からは模倣《もほう》されて、次の知識を日本だけで生み出すことにならない。

となると、⑵だろうか。知識がすべてだから、それを直接つくるのがいちばん早いし、一度つくれば、それを継続できるかもしれない。これこそ、持続的成長をもたらすはずだ。

しかし、問題はどうやったら知識が繰り返し生み出されるのかということである。知識が生まれるメカニズムとはいかなるものか。イノベーションが生み出されるプロセスとは、どのようなものなのか。

これは経営学、および経済学の最大のテーマだ。企業や経済が、持続的に知識あるいはイノベーションを生み出すメカニズムはどうなっているのか。そのメカニズムをつくることはできるのか。最大のテーマであると同時に、永遠のテーマである。なぜなら、永遠の謎だからだ。

イノベーションや知識の誕生、このプロセスは誰にもわからない。わかる可能性があるのは、環境として何を整えれば、それが起こりやすくなるかということだ。環境要因を研究するのがせいぜいだが、ただ、一つわかっていることがある。知識とイノベーションを生み出す主体は「人」だということだ。

人が力をつけないといけない。新しい知識やイノベーションを生み出す力をもった人がその社会に溢れていることが、持続的経済成長への唯一の道なのだ。

つまり、持続的成長に必要なのは人だ。たんなる労働力を超えた人だ。各個人が人的資本の蓄積を行なうことだ。成長戦略とは、人を成長させることだ。「人の成長なくして経済の成長なし」。これが、われわれの軸である。

だから、成長戦略の軸は(4)となる。(4)を軸として、(1)と(2)と(3)をすべて動員するのだ。労働力に知識を体化させるとは、逆にいえば、一人ひとりが自分の力を高めるということである。一人ひとりが新しい何かを生み出す力を備えるということだ。

その一方で、(2)の観点から、日本経済が知識を生み出す環境を整える。それには、人、カネの投入が必要であるが、それだけでは何も生まれない。シンガポールには勝てない。しかも、人とカネをレントシーキング活動ではなく、新しい知識の創造に向かわせるのは、意外と難しい。政府には、人の意欲と発想はコントロールできない。

「場」とは何か

そのためには、知識が生まれる「場」を整えることが必要だ。

「場」とは知識が創造される「場」であり、企業と学校がその場となりうる。

企業は箱にすぎず、箱を守ることに固執するのは誤りだと、本書のなかでも述べた。

もちろんそうだ。箱はどうでもいい。大事なのは、「場」だ。

そして、企業は箱ではない。場なのだ。箱としての企業は守る必要はない。場としての企業を育てる必要がある。

「場」とは何か。

わからない。

「場」とは、知識を生み出す環境であるが、「場」とは何から成り立っているか、よくわかっていない。わかっていることは、知識やイノベーションは、人が「場」に集まることによって生み出されるということだ。

学校は「場」であり、企業も「場」である。だから、どのような学校や企業をつくるか。新しい知識やイノベーションを継続的に生み出す「場」に育てていくかは、もっとも重要な成長戦略だ。

しかし、それは、優れた研究者を世界中から集めたり、成功している企業を誘致したりすることではない。なぜなら、企業も学校も、「社会」という「場」のなかで生まれ、育まれてきているからである。社会という場から切り離された企業や学校では意味がない。萎《しお》れて枯れてしまう。個人ももちろん同様で、アメリカで実績を上げた研究者が日本の大学に帰ってきて、枯れるか、生き生きしてさらに果実を実らせるかは、大学という「場」と、個人と大学を包み込む社会という「場」にかかっている。

すなわち、「場」の二重構造である。社会が「人」と学校や企業という「場」を育み、学校や企業は「場」として機能して、知識やイノベーションを生み出す。

したがって、成長戦略は、企業や大学を改革するだけでは意味がなく、社会を「場」として捉え、それを整え、その社会のなかで、学校や企業が素晴らしい「場」として育まれるように環境を整え、さらに「人」がそのなかで育つように支援していく必要がある。

この構造の基盤となる社会は何から成り立っているのか。それは人と歴史である。

地域社会を、歴史、伝統を踏まえて、環境を整備し、「場」としての活力を発揮できるようにする。同時に地域に居住する、あるいは地域と深い関係をもつ人びとに対し、彼らが成長できるような支援をする。これ以外に成長戦略はない。

パーツで社会はつくれない

外から人材や企業などをパーツとして導入し、その都市を新しく組み立てていこうとする戦略は成功しない。なぜなら、パーツを導入しても社会は生き返らないからだ。だから、特区はダメなのだ。外からパーツとして、人材、企業を集めても根づかない。枯れてしまうか、定着しないか、どちらかだ。社会は有機的であり、自生した草木を育てていくしかない。環境変化で水が流れなくなっていれば、水をもとのように流すことが必要だ。土壌を入れ替えて、灌漑《かんがい》設備をつくり、肥料を導入し、機械と人を外から連れてきても、かたちが整うだけで、その社会は復活しない。

干《ひ》からびかけている草を生き返らせるには、最初は水を撒《ま》いたり、肥料をやったりする必要があるかもしれない。しかし、それはきっかけであり、一時的な補助にすぎない。生き返ったあとは、自然に水が流れないといけない。

ここでいう水とは人であり、カネではない。草木も人であり、それらが育つ森は企業であり、学校だ。土が社会であり、その有機成分は伝統と歴史によって育まれてきたものである。カネは肥料にすぎない。土壌のないところに肥料をやっても意味がない。

つまり、物量を投入する特区戦略ではなく、地域社会を伝統と歴史に基づいた、活力を取り戻した人びとで成り立つ社会にするための政策が必要なのだ。地元出身の若者を呼び戻し、子育て環境を整え、定着させ、若年層の人口を増やす。あるいは、高齢者という枠組みに閉じ込められてきた人びとを解き放ち、その社会で活力をもって活動できるようにし、社会の活気を取り戻す。

このために、政策は人と社会に集中させる。中間的組織である企業や学校に対しては、場としての力をもたせるように、社会の基盤の上に有機的に育つように環境支援をする。直接的に誘致しても意味がない。地域社会に自生している企業や学校が育つことを補助するのが、政策の役割だ。

若年労働者がなぜ重要か

さあ、まず人を育てよう。軸は二本だ。

第一に、自己投資だ。個人として自己の能力と意欲を高めなければいけない。基礎的な能力は、学校教育や職業訓練などで高めることが必要だ。英語などの語学はアイデアを交換するのにも重要だ。これらは、個人の人的資本となる。

第二に、実践的な人的資本への投資だ。これは実践のなかでしか生まれない。実践とは何か。働くことである。ＯＪＴといってもよいが、働くなかで新しい知識を身につけることだ。そして、これは継続、いや永続させるべきものだ。だから、失業しないことが重要である一方、勉強にならない仕事、自分が成長しない仕事では意味がない。

とりわけ、若年層が、勉強になり自分が成長する、すなわち、人的資本を実践のなかで積み上げられる仕事を持ち続けることが重要だ。若者は、成長余地が大きく、働く期間もこれから長い。だから、投資の価値がいちばん大きく、経済全体として若年労働者が成長するように、彼らに人的資本が蓄積できるような仕事を配分することはきわめて重要であり、これが成長戦略において、もっとも重要な点だ。

賃金水準が高いとか、正規雇用とか、そんなことは関係ない。低くてもよいから、身分保障がされていなくてもよいから、意味のある仕事をさせてもらえる職が必要なのだ。その仕事を一所懸命やることで、次につながる、個人が成長する、次の職場に移っても、以前よりも人的資本を蓄積した労働力として働けるようになる機会を与える仕事が必要である。

具体的なポイントを二つだけあげると、上司あるいは同僚に尊敬できる人がいて、その人から学べる職場であること。そして仕事のなかで、お客さんと直接接する場面があることだ。仕事のうえでの学びは、上司または同僚（部下ということもあるが、それは日本の特徴だ）か、またはお客さんか、その二つの軸から得られる。その二つの軸の質が高いことが理想だが、そもそも、その軸に接せられることが最低条件だ。

だから、どんなに給料がよくても、人がうらやむ有名外資系企業でも、上司の指示どおりにパワーポイントとエクセルの作業だけを行ない、お客さんに接することも、上司とプロジェクトの意義を議論することもないような仕事なら、即刻辞めるべきだ。

私の「高専」政策

ここまで述べてきた考えに基づく具体的な政策を一つだけあげて、本書を閉じることにしよう。

政策としてはシンプルなものになる。初等教育の充実が最優先だ。これが第一の軸の自己投資となる基礎教育だ。英語もここに含めて考える。研究機関としての大学・大学院も学問的に最先端の知識を生み出すということで重要だが、それ以上に、かつ政策的に重視すべきなのは、高卒や大卒などで初めて労働市場に入っていく若者たちが、第二の軸の実践的人的投資を得られるような職に就ける支援を行なうことだ。そのための基礎的な教育、訓練を、高校や大学で徹底して行なう。そのための環境を整える政策を打ち出す。

学校を強化する。そして、それを軸に、基礎教育、実践的職業訓練の基礎となる教育、この二つを徹底強化する。当たり前のことだが、これを地道にやるしかない。

具体的な一つの政策をあげると、各都道府県に高等専門学校をつくることだ。ロボットコンテストなどで工学系は有名だが、これまでの学校とは別の枠組みで、さらに発展させたものを地方各地につくる。ただし、既存の学校をベースとしてもよい。いまある学校、これからつくられる学校に立候補を募り、各都道府県庁と日本国政府で共同選抜する。

建物は新たには建てない。これまでに存在している大学、高校、高等専門学校あるいはそのほか既存の施設を利用する。各都道府県は、立候補する学校を選定してもよいし、空き校舎、あるいは既存の大学の敷地内などで、建物を利用させてもらうパートナーを募ってもよい。建物にカネを使わない代わりに、十分なカネを人件費につぎこむ。

具体的には、たとえば農業を強化するのであれば、既存の農業高校、あるいは大学の農学部を母体として、新しいプログラムをつくる。高校と大学院のミックスのようなイメージだ。あるいは専門学校と大学院といってもよいかもしれない。基礎から現場の仕事を学ぶ。同時に語学、経営、経済、各国の実践的な法律、制度、世界情勢なども学習する。マーケティング、財務会計なども選択して学ぶ。もちろん、生物学、地質学なども専門的に勉強できるようにする。

学生たちは、たとえば地元の農協と協力して、新しいビジネスモデルで、農産物を売り込む企業をつくったり、農協と競争する新しい企業を立ち上げたりする。あるいは、商社や食品の企業と組んで、新しい企業をつくる可能性もある。

十代からここで学んだ学生たちは、その後、これらの企業に就職し、経験を積み、三十代になってから、あるいはもっと経験を積んでから、要は、いつでも再びこの学校に戻ってきてよい。ビジネススクールあるいは専門的な大学院として学び、今度はグローバルに自分のビジネスモデルを展開していくために勉強するのも素晴らしい。

もちろん、そのほかにもさまざまなキャリアパスが考えられる。いったん東京の大手企業に就職して大企業の経験を積み、地元のこれらの成長企業に戻ってきても、専門的な勉強をビジネススクールあるいはその他の大学院で行なって、その後、自ら地元で起業してもよい。ポイントは、さまざまなキャリアパスに対応でき、かつ深く幅広い基礎力と実践力を、学校と企業が連携することによって、意味のあるかたちで身につけられるプログラムであり、場となることだ。

地域社会としても、地域の人びとや地元産業が学校や自治体と一丸となって、このプログラムに取り組み、相乗効果を上げていくことをめざす。

四十代が十代から学ぶ学校

このときの国の役割は何か。国は、このプロジェクトの主体にカネを一括で渡す。自治体もしくは学校がその主体となり、プロジェクトベースで柔軟に使えるように細かい用途を限定しない。しかし、人件費や教育的な費用以外には使えないようにする。例外的な状況を除いて、建物や施設には使用できないようにするのだ。建物が必要な場合は、地元自治体の支出でつくってもらうことにする。

カネよりももっと重要な、国のもう一つの役割は、この学校の教員スタッフを確保することだ。つまり、農業や工業あるいはコンテンツなど、それぞれの専門分野、産業は各都道府県、各学校によって異なる。しかし、語学、経営や経済の基礎、世界情勢の教育、マーケティングや財務会計などは、共通して教えられる。

一方で、こういった分野の質の高い人材を各都道府県がそれぞれ確保するのは大変である。そこで、国がこれらの人材を国で一括採用する。彼らを特別チームとして編成し、各地へ定期的に送り込む。経営基礎プログラムのようなかたちにして、特定の時期、たとえば一カ月間、その地域で徹底的に教え込むのだ。あるいは各学校では、各科目を一週間集中で開講し、学生たちは、それを4〜8コース受講する。それぞれの分野の教える人材を全国でシェアすることにより、かなりよい待遇で人材を集められることになる。

同じように、さまざまなものを全国でシェアできることになる。学校どうしの交流を、この地方回りをする教員を結節点として始める。就職のノウハウもシェアされ、評判が全国規模に広がり、就職先も全国に広がる。

このプログラムがうまくまわりはじめ、学校が、優れた「場」になりはじめたら、これを縦に展開していく。縦とはジェネレーション、世代である。当初は、高校生と大学院生を徹底的に教育する。これが軌道に乗ったら、このプログラムを応用して、四十代など、さまざまな職歴をもった人たちへの教育プログラムをつくっていく。

四十代に限る必要もない。要は一度十分働いた経験をもった人びとが、別の分野で働き直すときに学ぶ場をつくるということだ。十代の学生たちへの教育は、個人として蓄積する基礎力を軸として、実践への足がかりが中心になるが、そこではこれまでの勤労経験を生かし、それを使いながら別の分野で仕事を行なう実践力の基礎となる教育機会を供給する。

つまり、若者は基礎を中心に、実践も視野に入れ、足がかりをつくる。ベテランは、いままで培った実践力を別の分野などに生かせるように再構築し、そのなかで、実践に必要な基礎を鍛え直す。これは学校でしかできない。

四十代を中心として、その他、就業経験の豊富な人びとへのこの学校を基盤とした教育のポイントは、従来の職業訓練とは違い、視野が広く、奥深い教育が受けられるということだ。必要に応じて基礎に返りつつ、グローバル戦略など高度に実践的なことも学ぶ。英語をはじめとする語学、法律、会計など、重要な基礎力に関して徹底して教育を受けられると同時に、これまでの職業訓練では望めなかったような、専門的なレベルの高い教育も学べる。グローバル戦略の考え方、実践シミュレーション、ケーススタディなどだ。さらに、若い世代と場を共有する効果が期待できる。従来の職業訓練よりも、活気、刺激に満ちている場で、若い世代とともに頑張ることで、教育を受ける意欲も増すことになる。

大学軽視は日本だけ

この政策のポイントは、一人ひとりに人的資本を蓄積させる機会を与えることだ。そのために基礎となるのは学校である。学校しかない。しかし、これまでの学校、とりわけ大学しかも文系大学は、まったく役に立たないと思われてきた。その認識は正しい部分もそうではない部分もあるのだが、この背景にあるのは、日本社会、日本人にみられる学校教育軽視である。基礎的な教育は学校でなければできない。従来の大学教育に失望したからといって、学校教育という存在自体を否定するのは誤りだ。

国民の人的資本の蓄積を国家戦略として行なう場合、学校をベースに考えないのは、世界で日本だけである。よい大学へ行けというが、教育の中身は問わない。大学は役に立たないというばかりで、具体的な要求はまったくない。大学の教育は意味がないといいながら、有名大学の卒業生を大企業は採用したがる。これはきわめて不思議なことである。

ここで深く議論することはできないが、そこには基礎力や教養という人間としての知的基盤に対する軽視があると思われる。実践的なことばかりを要求する。現場重視、企業に入ってからの教育を重視し、大学時代はまっさらで地頭《じあたま》さえよければよい。学歴はその判定資料としては使えるが、地頭さえよければ、学校では何も身につけなくてもよいといわんばかりだ。

しかし、基礎力は学校でしか鍛えられない。たとえば、中学、高校、大学と十年間も英語を勉強したのに、日常会話もできるようにならない、と学校の英語教育が批判されることが多いが、日常会話は英会話学校に三カ月行くか、アメリカに一カ月住めば、すぐできるようになる。しかし、英語で書かれた大学院の教科書、経済専門の新聞・雑誌記事などは、いくら英会話を勉強しても読めるようにならない。海外企業と交渉すること、他国の政治家や官僚と議論することは、英会話学校に行っても、あるいはアメリカに五年住んでも実現できないだろう。きちんとした教育を学校で受けなくては、論理的に読み書きし、議論することは不可能である。

読み書きの基礎力は、知的な教材を使い、しっかりした勉強を積まなければ、一朝一夕には養われない。だから学校での英語教育では、学校でしかできない、固い、地道な基礎力の養成をすべきなのである。会話などの実践力は別の枠組みでもできるから、それとは別にやればよい。

これは英語だけでない。すべての分野についていえる。

職業訓練もそうだ。基礎と意欲を鍛え直せば、あとは実践経験を積むだけである。しかし、基礎と意欲はきちんとした場がないと鍛えられない。本章で提案した学校では、従来の職業訓練では得られなかった、基礎と意欲を取り戻すという最も重要な点にエネルギーを集中している。実践を視野に入れて、地元企業と密接に連携するが、基礎力がなければ、実践などおぼつかない。それはまともな企業ならよく知っている。この基礎的な人的資本を企業のニーズをもとにし、実践を視野に入れて、生きた人的資本、生きた基礎力として学ばせると同時に、それを個人が視野に入れつつ、基礎を徹底的に学ぶのである。

この学校を拠点として、地域社会の人びとの人的資本の蓄積を支える。人が育ち、それを企業が雇う。働くなかで、人はさらに育つ。実践的人的資本を積み重ねていく。彼らが新しいアイデアを生み出す。企業も成長する。

地域社会に戦略は要らない

この企業は、地域社会のなかで展開してきた企業が中心になる。ゼロからつくるのでは地域社会との有機的な関係による成長は実現できない。現在、地域に企業が存在していないところは何をやってもダメだ。それは地域の土壌に問題がある。政策で土壌をつくることはできない。基礎は政策以前に存在しないといけない。土壌をつくりなおすことは、地域社会自身以外にはできない。それは重要だが、本書の提言の域を超えている。成長戦略や政策など、生易しいものではできない。政策はあくまで補助なのだ。

水が足りなければ、政策の助けを借りて水を呼び戻す。これは政策と地域社会が密接に連携する必要がある。それで初めて、新しい水を入れた場合、その水が生きた水となる。人を呼び戻し、新たな人を連れてくる。それも、その地域を愛する人を。きっかけは政策の役割だが、その後、人びとがその地域で育つことができるかどうかは、地域社会の力にかかっている。

このプログラムで育った人を支えるのは社会だ。プログラムにやってくる人を生んだのも社会だ。そして、社会のなかでこの人びとはともに有機的に育ち、彼らが今度は社会をつくり、育てていく。社会と人の有機的循環だ。こうして社会が活力を取り戻すのを政策はじっくりと補助的に促す。主体は人。人がすべてなのである。

この人と社会の有機的循環を補助する政策は、地域ごとに行なう。それは個別具体的で細かい調整的なモノであり、戦略的にできるものではない。地域社会を戦略で育てることはできないのだ。

すべては人に集約される。それは誰もがわかっている。それにもかかわらず、直接的な投資を、政策において長期的にシステマティックに、かつ集中的に行なってきたことはなかった。

人を長期的に育てる。それだけが社会を育て、経済を成長させる唯一の道なのだ。

それを成長戦略と呼んでもよいが、戦略などという皮相的なものではない。われわれは、人と社会をゆったりと自然のなかで「育む」。この「育む」という言葉に象徴される、人と社会の深い有機的な成長を願う広い愛をもって、社会をもう一度考える思考が重要なのだ。

本書を契機として、みなさんとともに、私ももう一度考えてみたい。

PHP新書

PHP INTERFACE
http://www.php.co.jp/

小幡 績［おばた・せき］

1967年生まれ。92年東京大学経済学部卒業後、大蔵省（現財務省）に入省。99年退職。2000年IMFサマーインターン。01年〜03年一橋大学経済研究所専任講師。01年ハーバード大学経済学博士（Ph.D.）。03年より慶應義塾大学大学院経営管理研究科（慶應義塾大学ビジネススクール）准教授。年金積立金管理運用独立行政法人（GPIF）運用委員。行動派経済学者として知られ、テレビ、雑誌などのメディア、自身のブログ（http://blog.livedoor.jp/sobata2005/）でも積極的に発言。著書に、『すべての経済はバブルに通じる』（光文社新書）、『リフレはヤバい』（ディスカヴァー・トゥエンティワン）、『ハイブリッド・バブル』（ダイヤモンド社）ほか多数。

成長戦略のまやかし

（PHP新書882）

二〇一三年八月三十日 第一版第一刷

著者――小幡 績
発行者――小林成彦
発行所――株式会社PHP研究所
東京本部――〒102-8331 千代田区一番町21
新書出版部 ☎03-3239-6298（編集）
普及一部 ☎03-3239-6233（販売）
京都本部――〒601-8411 京都市南区西九条北ノ内町11
組版――有限会社エヴリ・シンク
装幀者――芦澤泰偉＋児崎雅淑
印刷所
製本所――図書印刷株式会社

ISBN978-4-569-81471-1

ＰＨＰ新書刊行にあたって

「繁栄を通じて平和と幸福を」(PEACE and HAPPINESS through PROSPERITY)の願いのもと、ＰＨＰ研究所が創設されて今年で五十周年を迎えます。その歩みは、日本人が先の戦争を乗り越え、並々ならぬ努力を続けて、今日の繁栄を築き上げてきた軌跡に重なります。

しかし、平和で豊かな生活を手にした現在、多くの日本人は、自分が何のために生きているのか、どのように生きていきたいのかを、見失いつつあるように思われます。そして、その間にも、日本国内や世界のみならず地球規模での大きな変化が日々生起し、解決すべき問題となって私たちのもとに押し寄せてきます。

このような時代に人生の確かな価値を見出し、生きる喜びに満ちあふれた社会を実現するために、いま何が求められているのでしょうか。それは、先達が培ってきた知恵を紡ぎ直すこと、その上で自分たち一人一人がおかれた現実と進むべき未来について丹念に考えていくこと以外にはありません。

その営みは、単なる知識に終わらない深い思索へ、そしてよく生きるための哲学への旅でもあります。弊所が創設五十周年を迎えましたのを機に、ＰＨＰ新書を創刊し、この新たな旅を読者と共に歩んでいきたいと思っています。多くの読者の共感と支援を心よりお願いいたします。

一九九六年十月

ＰＨＰ研究所